전시가
산업을 바꾼다

박종천 지음

한국경제신문

2006년 4분기에 우리나라의 수출 규모가 3,000억 달러를 상회했다. 2004년 2,000억 달러의 위업을 달성한 이후 2년 만의 일이다. 이는 우리나라가 1964년 수출 1억 달러를 달성하여 무역의 날을 제정한 지 43년 만에 이룬 성과로, 이같이 빠른 속도로 수출이 증가한 국가는 전세계에서 유례를 찾아볼 수 없다. 앞으로 우리의 수출이 5,000억 달러를 상회하여 무역 8강에 진입하기 위해서는 기업들의 지속적인 기술개발과 함께 해외 마케팅 노력이 가장 중요한 과제라 할 수 있다. 우리 수출상품의 해외 마케팅 능력을 제고하기 위해서는 국가 이미지는 물론 기업의 브랜드 가치를 높이는 것이 중요하다.

본인이 한국무역협회 회장으로서 무역사절단들과 세계시장을 방문해 보면, 과거에 비해 우리나라 이미지가 크게 향상된 것은 물론, 우리의 대표적인 기업들의 제품이 이제는 선진국 제품과 어깨를 나란히 하고 경쟁하고 있음을 실감할 수 있다. 우리 제품이 외국의 바이어들에게 소개되고 환영받는 곳이 한국에서가 아닌 세계의 대표적인 전시회에서 이루어지고 있음은 우리에게 또 다른 도전을 요구한다고 볼 수 있다.

우리 상품이 해외시장에서 정당한 평가를 받기 위해서는 시장 규모가 큰 미국이나 유럽은 물론 세계 각국의 상품들이 치열하게 경쟁하고 있는 홍콩, 싱가포르 또는 두바이와 같은 시장에서 개최되는 전시회 참가도 매우 중요하다. 우리의 상품을 외국이 아닌 국내에서 개최되는 전시회에 홍보하고, 외국 바이어들이 이들 품목을 구매하기 위하여 한국을 찾아와 상담한다면 상품수출은 물론 관광수입을 증대시키는 일석이조의 효과를 거둘 수 있다.

본인은 산자부장관으로 재임하는 기간 중 우리 전시산업의 국제화와 대형화를 위해서는 부족한 전시공간을 확보해야 한다고 생각했다. 이에 재정지원 등을 통하여 우리의 전시면적을 10년 전에 비해 13배 증가한 17만㎡ 이상이 되도록 했고 국내 무역전시회 개최지원자금을 크게 확충했다. 또한 전시산업의 발전을 위하여 전시산업발전법을 입법화하여 전시산업에 대한 정부지원을 확대할 수 있는 터전을 마련했다.

물론 아직도 우리의 전시산업은 전시대국들에 비하면 크게 뒤지고 있으나 그 격차가 크게 줄어들고 있음은 앞으로 우리 전시산업의 전망을 밝게 하고 있다고 생각한다.

우리나라의 전시가 국제적인 수준으로 발전하여, 해외 바이어들이 한국을 방문하여 수출상담을 벌이기 위해서는 전시주최자들에 의한 전시회의 대형화 및 국제화를 위한 노력과 함께 정부의 전시주최자에 대한 적극적인 지원이 이루어질 때 가능하다. 이 같은 시점에 한국무역협회 국제사업본부장과 (주)코엑스의 총괄전무로서 평소 전시산업발전에 관심이 많은 박종천 박사가 민간 전시주최자들이 그동안 어떻게 전시회를 발전시켜 왔는지 그 과정을 상세하게 소개한 책자를 발간했는데, 이는 매우 의미있는 일이라고 생각한다.

국내 전시불모지에서 민간 전시주최자들이 국내전시회 발전을 이루고자 경험해 온 과정은 앞으로 우리 전시산업의 미래를 이끌어갈 젊은 세대들에게 좋은 귀감이 될 수 있을 것으로 생각한다.

우리나라는 지정학적으로 전시산업의 발전을 통한 무역증대에 기여할 수 있는 좋은 여건을 가지고 있다. 세계 제2위의 경제대국 일본과, BRICs의 대표주자 중국 사이에 위치하고 있어 우리 전시장에서 우리 상품을 홍보하고 이들 주변 국가를 포함한 아시아 지역 바이어들을 겨냥한 전시회를 육성해 나간다면 우리나라의 무역 8강 진입을 앞당기는 데 견인차 역할을 담당할 수 있을 것이다.

우리의 젊은이들이 세계적인 전시주최자가 되어 우리 기업은 물론 세계 각국의 주요 기업들이 신제품을 우리 전시장에서 발표하고, 국내외 바이어들과 수출상담을 벌이는 꿈을 하루 빨리 실현하기를 기대해 본다.

21세기는 경험과 지식의 시대다. 젊은 세대의 유비쿼터스적인 새로운 지식과 전시 1세대들의 경험이 조화를 이룬다면 앞서 말한 일들이 빠른 시일 내에 전개될 것이다.

2006년 12월
한국무역협회 회장
이 희 범

책을 간행하면서

필자는 한국무역협회의 국제사업본부장으로 일하면서 전시산업과 인연을 맺었고, 그 후 COEX에 근무하면서 전시산업을 좀더 깊이 이해할 수 있게 되었다. 1979년 7월 무역센터 내에 한국종합전시장이 개관되면서, 우리나라에서도 무역과 관련된 전시회 개최가 본격화되었다. 그로부터 약 30년 동안 우리나라 전시산업은 크게 발전하여 연간 375개의 전시회가 개최되며, 전시주최자도 154개에 달하고 있다.

그러나 이와 같은 양적인 증가에도 불구하고 2만㎡ 이상의 전시면적을 가진 전시회는 19개에 불과하고, 1만㎡ 이상도 71개에 그쳐 전시선진국에 비하면 규모 면에서 크게 뒤지고 있는 게 사실이다.

특히 우리나라 전시회는 성장 가능성이 있는 산업의 경우, 유사 전시회가 너무 많아 대형화하는 데 어려움을 겪고 있다. 그리고 전시참가 기업들도 신제품 발표회를 국내전시회보다는 해외전시회를 선호함으로써 국내 전시회가 국제화되지 못하고 있다.

이 같은 어려움 속에서도 매년 그 규모가 크게 확대되고 있으며, 해외 바이어도 꾸준히 증가하여 우리 수출증대에 기여하는 전시회들이 늘고 있음은 다행스러운 일이다.

우리나라는 국토가 좁고 부존자원이 부족하여 수출에 의한 경제성장 전략을 지속적으로 추진할 수밖에 없다. 따라서 우리 수출상품을 홍보, 판매하는 마케팅 수단으로서 전시산업을 발전시켜 나가야 한다.

이러한 점에서, 필자는 현재 국내에서 개최되고 있는 전시회 중 비교적 대형화와 국제화에 성공한 전시회의 성공전략을 정리하여 현재 전시를 주최하고 있는 분들에게는 성공전략을 공유케하고, 젊은이들에게는 전시산업 종사에 대한 희망과 비전을 제시해야겠다는 생각을 갖게 되었다.

국내의 많은 전시회 중 어떤 전시회를 그 대상으로 선정해야 할 것인가가 큰 과제였다. 아직 국내에는 전시의 대형화 및 국제화에 대한 객관적 기준이 없어 이를 선정하기가 쉽지 않았다.

이에 따라 전시주최자협회의 자문을 받아, 전시의 불모지였던 우리나라 전시산업 발전을 위해 그동안 경험을 많이 하고 어려움도 극복해 온 이른바 전시 1세대를 중심으로 책을 쓰기로 했다. 물론 이 과정에서 협회 조합 및 언론사 등은 전시업무를 담당하는 분들이 수시로 바뀌기 때문에 대상에서 제외했고, 민간 전시주최자의 대표이사를 대상으로 삼았다.

이 과정에서 두 개 전시회는 전시주최자의 대표이사를 대상으로 저술하기에 어려움이 있어 전시회를 중심으로 소개할 수밖에 없었다.

또한 외국의 민간 전시주최자를 다섯 분 정도 소개하고 싶은 의욕이 있었으나, 외국에 거주하고 있어 자료수집과 인터뷰의 한계로 결국 두 분만 소개하게 되었는데, 우리와는 다른 전시 여건 속에 이들이 어떻게 성공했는지를 살펴보는 것도 의미 있는 일이라 생각된다.

이 책을 간행하는 데는 많은 분들의 격려와 도움이 있었다. 한국무역협회의 이희범 회장님과 ㈜코엑스 정재관 사장님의 훌륭하신 경륜과 경영철학을 보고 배우면서, 중도에 포기하지 않고 부족한 가운데에서도 나름대로 완결을 지을 수 있었다. 또한 바쁜 일정에도 몇 차례에 걸친 인터뷰를 마다하지 않으신 대상 기업 대표이사님들의 인내심과 도움이 없었다면 아마도 이 책은 간행되지 못했을 것이다. 또한 이 책이 나오기까지는 인터뷰의 기초자료 작성을 위해 수고해 주신 장형규 사장님의 도움이 컸다. 이 자리를 빌려 감사드린다.

이제 한국 전시산업은 성장단계에 들어섰다고 생각한다. COEX 외에도 지난 5년간 국내에는 6개 전시장이 새로 개관을 했고, 앞으로도 3개 정도의 전시장이 건축될 예정이다. 전시공간의 확충 못지않게 중요한 것이, 경쟁력 있는 전시주최자를 발굴, 육성하는 것이라고 생각한다. 이와 같은 분들이 발굴, 육성되지 않으면 아무리 좋은 전시인프라가 있더라도 그 성과를 극대화하기 어려울 것이다.

이와 같은 점에서 본 책자가 젊고 패기 있는 젊은 전시주최자들에게 좋은 길잡이가 되어, 국내 전시장들을 우리 수출상품의 해외판로 개척을 위한 장소로 발전시키는 데 큰 역할을 담당하게 되기를 바란다.

COEX 총괄전무

박 종 천

전시가 산업을 바꾼다

민간 전시업의 영원한
선배이자 개척자

1982년 9월 말 부산 해운대 바닷가에 있는 조선
비치호텔 앞 매립 나대지. 여기저기 쇠파이프가 휘어지고 꺾어진 채 널브
러져 있고, 찢어진 하얀 천막이 물에 흥건히 젖어 어지럽게 뒹굴고 있었
다. 물이 찬 바닥에는 스티로폼과 각종 자재들이 둥둥 떠다니고 있었다.

제2회 〈국제조선기자재전〉(Kormarine)을 개최하기 위해 가설텐트 설치
공사를 하던 중 들이닥친 강풍과 폭우가 할퀴고 간 수마의 현장이었다. 현
장 수습을 위해 사람들이 그 아수라장 속을 이리저리 뛰어다니고 있었다.

이런 장면을 바라보고 있던 백발의 서양인이 고개를 절레절레 흔들더
니 곁에 있는 자그마한 체구의 남자에게 말했다.

"김 부장, 고생 그만하고 여기서 접는 게 어떻겠습니까. 하루 반 만에
복구를 끝내고 전시회를 연다는 건 거의 불가능에 가깝다고 생각합니다.

지금 포기하고 보험처리를 하면 손해는 최소화할 수 있습니다.”

그러자 곁에 있던 김 부장이 서양인 노신사를 째려보듯 바라보았다. 밤새 폭우 속에서 현장을 수습하느라 한숨도 못 잤는지 그의 눈은 벌겋게 충혈된 상태였다.

“안 됩니다. 여기서 포기하면 더이상 〈Kormarine〉은 없습니다. 〈Kormarine〉이 없으면 저 김영수의 미래도 없습니다.”

결의에 찬 김 부장의 대꾸에 서양인이 무안한 표정을 지으며 중얼거리듯 말했다.

“허허, 물에 물건들이 둥둥 떠다니는 걸 보니 진짜 Marine show로군.”

“아직 하루 반이 남았으니 너무 걱정 말고 기다려주십시오. 저만 믿으십시오.”

김 부장은 그렇게 소리치고는 복구 현장으로 다시 달려갔다.

서양인과 김 부장이란 두 사람. 서양인은 영국의 세계적 전시주최사인 ITF의 국제담당이사 Normam Gee였고, 김 부장이란 남자는 대한통운의 전시담당부장인 김영수였다. 3년 전 영국행 비행기에서의 우연한 만남이 질긴 인연으로 이어져 두 사람은 부산의 바닷가에서 수마가 할퀴고 간 전시회 준비 현장을 놓고 그런 대화를 나누게 되었던 것이다.

우연한 만남, 전시업과의 질긴 인연으로

1979년 초, 대한통운에서 해외화물 운송업무를 담당하던 김영수는 업무 차 영국 출장길에 올랐다. 한국과 영국 간의 직항기가 없던 시절인지라 홍콩과 중동의 바레인을 경유해야 하는 23시간의 길고 지루한 여정이었다.

김영수는 창밖을 내다보며 하늘 아래 펼쳐진 육지와 바다에 취해 있었다. 간간히 구름조각이 나타나 창밖 풍경을 지웠다 썼다 반복하고 있었다.

어느 새 다양한 모양의 구름에 시선을 빼앗기고 있던 김영수는 마치 구름조각 같은 지난날의 기억들을 떠올렸다. 대학 졸업 후 선박화물운송 주선업을 하는 회사에 취업해 일 년을 정신없이 살아왔던 자신의 모습을.

입사 일 년 만에 봉급이 열두 번 올랐을 정도로 그는 능력을 인정받았다. 그러다 1979년 초 해외 화물운송업 진출을 준비하던 대한통운으로부터 입사 제의를 받았다. 이때 그는 과장 직함과 세계일주 여행이라는 조건을 내걸었다. 사실 조건이라기보다는 거절의 의미로 한 말이었다. 세계일주 여행을 옵션으로 내건 이유는 해외화물 운송업무를 담당하려면 해외 정세에 밝아야 했고, 해외 네트워크가 필요했기 때문이다. 그런데 예상과 달리 대한통운은 그의 요구를 흔쾌히 받아들였다.

대한통운의 제의를 더 이상 거절할 수 없게 된 김영수는 대한통운으로 자리를 옮겼다. 대한통운도 그와 한 약속을 지켰다. 이에 따라 그는 유럽 지역의 정보 수집을 위해 영국행 비행기에 올랐던 것이다.

23시간이나 걸리는 지루한 여행이었기에 김영수는 자연스럽게 옆자리에 앉은 사람과 인사를 나누게 되었다. 50대 후반의 영국인이었다. 그 영국인은 자신을 영국의 전시주최사인 ITF의 국제담당이사 Normam Gee라고 소개했다.

이후 두 사람은 오랜 지기처럼 많은 이야기를 나누었다. 김영수는 Normam Gee와의 대화를 통해 ITF가 세계 2위의 전시주최사이며 그 역사가

100년이 넘는다는 것을 알았다. 그리고 Normam Gee가 무역협회가 짓고 있는 코엑스(구관)의 건설공사를 감리한 후 돌아가는 길이라는 사실도 알게 되었다.

Normam Gee는 근심어린 표정을 지으며 코엑스가 완공단계에 이르자 무역협회에서 전시회 개발을 부탁해 왔다는 말을 덧붙였다. 나중에 Normam Gee가 한국에 와서 〈섬유기계전〉, 〈건설기계전〉, 〈Kormarine〉 등을 잇달아 개발했지만 당시에는 마땅한 전시회가 떠오르지 않아 무거운 마음으로 돌아가고 있었던 것이다.

김영수는 이런 Normam Gee에게 한번 도전해 보라고 권유했다.

"한번 해보십시오. 저희 회사가 해상화물 운송주선업을 하고 있으니까 뭔가 도울 일이 있을 겁니다. 열심히 도와드리겠습니다."

전시업의 '전' 자도 모르는 처지에서 어쩌면 젊은 기분에 호기를 부린 것인지도 몰랐다. 그런데 그것이 김영수로 하여금 전시업으로 방향을 수정하게 만든 계기가 될 줄 누가 알았겠는가.

김영수가 해외 출장에서 돌아온 얼마 후 Normam Gee로부터 연락이 왔다. 한국에서 전시회 개발과 주최를 결정했다며 도움을 요청한 것이다. 대한통운이 전시회 주최에 필요한 보세구역 허가를 내달라는 부탁이었다. 해외 물품을 들여와 전시를 하는 공간이 보세구역이어야 하는데, 코엑스는 보세구역이 아니었고, 외국인인 Normam Gee가 허가를 낼 수도 없는 입장이었던 것이다.

보세구역 허가를 받아주는 과정에서 김영수와 Normam Gee는 더욱 가까워졌다. 그 일 때문에 자주 만나던 어느 날 Normam Gee가 김영수에게 뜻밖의 제의를 해왔다.

"대한통운이 ITF의 한국 에이전트를 맡아주면 어떻겠소? 영국과 한국을 자주 오가기도 어렵고, 통신수단도 원활하지 못하니 대한통운이 한국에서 우리가 해야 할 업무를 대행해 달란 것이오."

김영수는 잠시 생각에 잠겼다. 영국행 비행기에서 Normam Gee를 만나 이야기를 나눌 때부터 전시업에 묘한 매력을 느끼고 있었다. 김영수는 주저 없이 ITF의 요청을 받아들였다.

이에 따라 대한통운은 우리나라 전시업계의 원조격이라 할 수 있는 사람을 영입해 전시업무를 맡긴 셈이었다. 그런데 그 사람이 ITF의 에이전트에 만족할 것이 아니라 자체 전시회를 주최하자고 제안함에 따라 대한통운 자체적으로 1980년 초 〈한국종합기계전〉을 열었지만 결과는 만족스럽지 못했다. 참가한 대부분의 업체가 외국업체였는데, 수입제한 품목이 많아 전시품목이 빈약했기 때문이다.

거기에다 전시회 주최를 총괄하던 그 사람이 자금을 횡령해 사라지는 사건이 발생하자 부랴부랴 김영수가 업무를 총괄해 뒷수습에 나섰다. 이래저래 김영수로서는 졸지에 전시업에 입문하게 된 것이다.

Kormarine의 성공 개최를 이끌어내다

〈한국종합기계전〉으로 전시회의 단맛과 쓴맛을 모두 경험한 김영수는 대한통운의 ITF 에이전트 업무를 맡아 전시업에 본격적으로 발을 들여놓았다. 그리하여 최초로 주최한 전시회가 조선기자재전인 〈Kormarine〉였다.

1980년 9월 코엑스에서 열린 첫 〈Kormarine〉은 ITF가 독자적으로 주최했다. ITF가 전시 전반을 관장하고 대한통운은 업무를 보조하는, 김영수의 표현을 빌리자면 그야말로 심부름을 하는 정도였다. 그런데 이 전시회가 나중에 조선산업 관련 세계 5대 전시회로 성장하리라고는 그 누구도 예견하지 못했다.

코엑스에서 280부스 규모로 개최한 첫 〈Kormarine〉은 성공적이지 못했다. 관람객이 예상보다 훨씬 적은 탓이었다. 아무리 밥상을 잘 차려놓아도 와서 먹는 사람이 없다면 그림 속의 만찬에 불과할 터였다.

여러 가지 이유가 있겠지만 우선 장소 선정에 문제가 있었다. 현대에 이어 대우와 삼성도 대형 조선소를 건설함으로써 우리나라는 세계 조선산업의 강자로 발돋움하고 있었다. 그랬기에 〈Kormarine〉은 탁월한 선택이었고, 성공 가능성을 내포하고 있었다. 그런데도 첫 전시회가 실패의 쓴잔을 마신 이유는 전시회가 서울에서 개최되었기 때문이다.

우리나라 최초의 조선소라 할 수 있는 국영 대한조선공사를 비롯해 현대중공업, 대우조선, 삼성중공업 등 4대 조선업체가 모두 부산과 경남지역에 자리잡고 있었다. 이들 업체가 우리나라 조선산업의 90% 이상을 차지하고 있기도 했다.

그런데도 이들을 주요 관람 대상으로 하는 전시회인 〈Kormarine〉이 서울에서 개최되었기에 관람객은 적을 수밖에 없었다. 당시는 지금보다 교통 여건이 좋지 않아 서울로의 당일 관람이 여의치 않았던 것이다.

따라서 전시 장소를 부산으로 옮기자는 의견이 나와 1982년에 열린 두 번째 전시회는 부산에서 개최하기로 결정됐다. 그런데 정작 부산에는 마땅한 전시장이 없었다. 적당한 장소를 물색해 가설전시장을 짓고 전시회를 열어야 할 형편이었다.

그런데 〈Kormarine〉의 부산 전시회부터는 ITF의 에이전트인 대한통운이 업체 모집에서부터 전시장 구성과 행사진행 등을 모두 담당하게 됐다. 이에 따라 김영수는 부산으로 달려가 전시장소 물색에 나섰다. 전시회를 열 만한 공터나 가건물을 찾아다니던 김영수는 조선비치호텔 인근에 있는 3,000평 정도의 매립 나대지를 발견했다. 이곳을 빌려 가설텐트를 치고 전시회를 열기로 했는데, 개막을 이틀 앞두고 폭풍우가 들이닥쳐 아수라장을 만들어버린 것이다.

중단하고 보험처리하자는 Normam Gee의 제안을 일언지하에 거절한 김영수는 팔을 걷어붙이고 복구 작업에 뛰어들었다. 동아건설로부터 인력을 추가로 지원받아 전시장을 복구하고 하루 만에 개최 준비를 마쳤다.

전시회는 성공적이었다. 김영수는 현대중공업 등 관련 기업의 현장 직원들이 편리하게 전시회를 보러올 수 있도록 우리나라 전시회 최초로 셔틀 버스를 운영하는 등 관람객 편의에 최선을 다했는데, 이것이 주효했던 것이다.

이에 고무되어 대한통운의 대표이사가 전 직원이 보는 앞에서 김영수 대표를 목마를 태워주기도 했다. Normam Gee는 몸을 사리지도 않고 직원들과 한몸이 되어 빗속을 뛰어다니는 김영수의 열정적인 모습에 감동해 훗날 회사 설립 자금을 지원해 주며 전시업을 해보라고 권유하기도 했다. 어쨌거나 김영수 대표에게는 〈Kormarine〉이 가장 기억에 남는 전시회로 오늘까지 기억되고 있다.

1984년부터 우암동 부두로 자리를 옮겨 주최된 〈Kormarine〉은 최고의 국제적인 전시회로 자리잡았다. 2001년 전시회 때에는 김대중 대통령 내외가 참석했을 정도로 위상이 크게 높아졌다. ITF의 합리적인 운영체계도

이 전시회를 세계 5대 조선기자재 전시회 중 하나로 성장시킨 기틀이 되었다.

경연전람 설립했지만 에이전트의 한계 절감

사람이란 인생의 여정을 지나면서 수많은 위기와 호기를 맞이하게 마련이다. 언제나 순탄한 길만 걸어온 사람이 있을까. 세계 최고의 갑부라는 빌게이츠도, 이병철이나 정주영도 수많은 위기를 극복했기에 우리나라 경제의 기둥이 된 삼성과 현대를 세계적 기업으로 성장시킬 수 있었다.

대한통운 입사 3년 만에 부장으로 고속 승진한 김영수에게도 위기가 찾아왔다. 새로 부임한 대표이사와의 갈등으로 인해 사표를 내고 외국계 무역회사로 자리를 옮기게 된 것이다.

김영수가 사표를 내자 대한통운과 손잡고 전시업무를 추진하던 영국 ITF는 어려움을 겪게 되었다. 김영수가 떠나고 나자 일이 제대로 진척되지 않았다. 그러자 ITF가 김영수에게 전시회사를 설립해 에이전트를 해달라고 요청하기에 이르렀다.

김영수는 자신을 믿어주는 ITF의 호의가 고마웠지만, 회사를 설립해 운영할 자금이 없다며 정중히 거절했다. ITF가 자금을 지원해 주겠다고까지 나오자 김영수는 이마저도 거절할 수 없어 1982년에 경연전람을 설립하고 본격적으로 전시사업에 뛰어들었다. 경연전람은 그가 나온 경동고와 연세대의 첫 자를 딴 것이었다. 한국이앤엑스와 더불어 가장 역사가 오래 되었으며 현재까지도 유지되고 있는 민간 전시회사가 탄생하는 순간이었다.

전시산업은 1980년대 초만 해도 산업이라 말할 수도 없을 만큼 일반인에게는 생소한 분야였다. 당시 국제전람이라는 회사가 있었고, 〈서울경제신문〉에서 전시사무국(지금의 한국이앤엑스)을 두고 전시업을 하고 있을 정도였다. 이러한 때에 경연전람이 설립된 것은 많은 의미를 내포하고 있었다. 기관 및 단체 주도로 성장하던 전시산업이 민간주최사의 등장으로 다양화되고 활성화되는 계기를 맞게 된 것이다.

김영수 대표가 경연전람을 설립해 ITF의 에이전트를 맡아 우선 〈Kormarine〉을 주최하고, ITF의 지원을 받아 포장공정 전시회인 〈Korpack〉을 비롯해 건설장비 전시회인 〈Korconstruction〉, 식품 전시회인 〈Korfood〉(현 Seoul Food)를 주최하기 시작했다. 이에 따라 경연전람도 점차 자리를 잡아갔다.

그런데 경연전람은 설립 5년째이던 1987년에 변화의 돌풍을 맞았다. 첫 번째의 변화는 파트너인 ITF가 미국의 언론그룹인 리드(Reed)사에 합병되면서 일어났다. 당시 세계 전시산업계에는 전시주최사의 M&A 바람이 거세게 불고 있었다. 이런 와중에 Reed가 전시업에 진출하기 위해 세계 1위의 CEG를 인수한 데 이어 2위인 ITF마저 인수한 것이다.

그동안 CEG와 ITF가 각각 국내에 에이전트를 두고 있었기에 합병에 따라 국내 에이전트의 구조조정이 불가피해졌다. 1980년대 초에 국내에 진출한 CEG는 동성통상을 한국 에이전트로 두고 있었다. 동성통상이 경연전람보다 규모가 크고 역사가 오래 되었기에 경연전람이 Reed의 대리점이 되기는 어려웠다. 경연전람으로서는 어쩌면 사업을 접을 수밖에 없는 위기상황을 맞은 것이다.

김영수는 돌파구를 찾기 위해 ITF의 홍콩대리점 역할을 하던 홍콩의

B&I와 동병상련의 심정으로 손을 잡고 한국전람을 설립했다. 그런데 경연전람은 Reed의 회장이 직접 한국에 와서 시행한 면접에서 동성통상을 누르고 에이전트로 선정됐다. Reed는 회사 규모를 본 것이 아니라 사람을 보았던 것이다.

Reed의 에이전트로 선정되자 김영수는 행복한 고민에 빠졌다. 한국전람을 어떻게 하느냐였다. 결국 경연전람은 김영수가, 한국전람은 이홍규가 대표를 맡아 운영하고 혹여 한쪽이 잘못되면 다시 함께 일하기로 했다.

이후 경연전람은 사세를 확장해 갔고, 전시업계의 유능한 인재들도 많이 배출했다. 한국전람의 이홍규 대표를 비롯해 케이페어스의 홍성권 대표, 서울전람의 김민수 대표, 월드전람의 유서진 대표, 서울메세를 운영했던 김경기 등도 경연전람을 거쳤다. 세계전람의 조민제 대표는 한국전람에서 일을 하다가 독립했다.

또 하나의 변혁은 ITF의 한국 에이전트라는 한계 때문에 그동안 주최해 온 많은 전시회를 코트라(KOTRA)에 넘겨주어야 했던 일이다.

이는 1983년에 무역협회 소유이던 코엑스의 운영권이 코트라로 넘어가면서 잉태된 것이었다. 코트라가 정부기관이다 보니 매년 정부에서 예산을 배정 받아야 했는데, 연말에야 예산이 확정되기 일쑤였다. 전시회가 끝나면 바로 다음 전시회 계약을 해야 하지만 코트라의 입장 때문에 전시장 배정 신청을 할 수가 없었다. 마냥 기다릴 수도 없어 계약이 안 된 상태에서 진행하다 나중에 예산이 통과되지 않아 중단해야 하는 상황도 벌어졌다.

이런 이유로 ITF가 코엑스와 공동으로 주최하던 전시회의 소유권을 포기하자 경연전람으로서는 닭 쫓던 개 지붕 쳐다보는 꼴이 되고 말았다.

ITF의 에이전트로서 코엑스와 전시회를 주최하던 경연전람이 전시회에서 손을 뗄 수밖에 없는 처지가 된 것이다.

이에 따라 경연전람의 손에는 〈Kormarine〉과 동성통상에서 주최하다 넘어온 IT 관련 전시회인 〈국제인쇄회로기판반도체장비전시회〉(Internep-con) 두 개만 덩그렇게 남았다.

에이전트의 한계를 절감한 김영수는 자체 전시회 개발에 열을 올렸다. 그것만이 경연전람이 살길이라고 판단했다. 그동안 ITF나 Reed의 그늘에 서 너무 안주한 것은 아닌지 후회스러웠다.

코트라와의 경쟁 끝에 판정승

1990년대 들어 경연전람이 개발한 자체 전시회 중 1992년에 시작한 포장 공정 전시회인 〈국제포장공정전〉(IPP)(현 Korea Pack)을 주목할 필요가 있 다. Reed의 에이전트 회사에 머물렀던 경연전람을 자체 전시회를 개최하 는 민간주최사로 전환시킨 김영수의 의지와 열정을 엿볼 수 있는 사례이 기 때문이다.

김영수가 포장공정 관련 전시회를 경험한 것은 1983년부터 격년제로 개최한 〈Korpack〉이었다. 김영수는 이 전시회를 개최했지만 ITF가 코엑 스와 손잡고 개발했던 전시회가 코트라로 넘어가면서 이 전시회도 같은 운명을 맞고 말았다.

이때 코트라로 넘어간 많은 전시회 중에서도 〈Korpack〉에 대한 김영수 의 애착은 남달랐다. 포장은 모든 산업에 적용되는 광범위성을 지니고 있었고, 산업의 발전에 따라 그 성장 가능성이 무한하다고 보았기 때문이다. 따라서 김영수는 절치부심의 심정으로 포장공정 전시회 개최를 모색하기에 이르렀다.

그런데 1986년에 코엑스의 운영권이 무역협회로 환원되면서 김영수의 가슴에 다시 불이 붙었다. 김영수는 곧바로 포장공정 전시회를 기획해 코엑스에 전시장 배정 신청을 했다. 그러나 기대와는 달리 전시장 배정이 이루어지지 않았다.

이 무렵 전시회가 늘어나면서 코엑스의 전시장 부족 현상이 일어나고 있었고, 이에 코엑스는 유사 전시회의 난립을 막기 위해 동종 전시회가 있는 경우 후발 전시회의 전시장 배정을 규제하기로 방침을 정한 것이다.

꿈을 포기하지 않은 채 기회를 엿보고 있던 김영수에게 다시 기회가 찾아왔다. 코엑스의 운영권을 무역협회에 넘겨준 코트라가 1990년에 서울 강남구 대치동에 학여울전시장을 만들고 코엑스에서 개최하던 〈Korpack〉을 그곳으로 옮겨간 것이다.

김영수는 이때다 싶어 코엑스에 〈국제포장공정전〉(IPP)이라는 이름으로 포장공정 전시회 개최를 신청했다. 혹시 모를 코트라의 이의제기를 예방하기 위해 전시회 명칭에 'Pack'을 사용하지 않고, 전시회의 성격도 차별화했다.

코트라의 〈Korpack〉이 포장공정 전반에 관련된 전시회라면, 〈IPP〉는 포장재료 가공공정에 관한 전시회였다. 이러한 전시회 개발은 김영수가 독일의 전시회를 벤치마킹한 결과였다.

"독일에는 포장공정 관련 전시회로 〈인터팩〉과 〈파프로〉가 있었습니다. 〈인터팩〉은 포장공정 전체를 아우르는 전시회이고, 〈파프로〉는 포장재료 가공공정에 관한 전시회였습니다. 예를 들어 일반 종이를 포장재료로 만들기 위해 코팅을 하거나 특수가공을 하는데, 이런 포장재료의 가공공정에 관한 전시회가 바로 〈파프로〉였죠.”

김영수는 〈파프로〉와 같은 컨셉의 전시회를 기획해 코엑스에 전시장 배정을 신청해 승인을 받았고, 1992년에 첫 전시회를 개최할 수 있었던 것이다. 1985년 말 〈Korpack〉을 코트라에 넘겨준 후 7년간 절치부심한 결실이었다.

첫 전시회의 규모는 140부스 정도였다. 힘들게 시작했지만 괜찮다는 반응을 얻었다. 하지만 〈Korpack〉에 비하면 1/4에 불과한 규모였다. 첫술에 배부를 순 없었다. 김영수는 실망하지 않고 〈Korpack〉을 능가하는 전시회로 키우기 위해 힘을 쏟았다.

이후 〈IPP〉는 짝수년도에, 〈Korpack〉은 홀수년도에 개최되면서 치열한 주도권 경쟁을 벌였다. 처음에는 다윗과 골리앗의 싸움이었지만 점차 격차가 좁혀졌고, 1996년에는 대등한 규모로 성장했다. 이후에는 〈IPP〉가 주도권을 잡고 리드하기 시작했다.

경연전람이 2000년부터 〈IPP〉를 매년 개최하게 되자 홀수년도는 〈Korpack〉과 겹치면서 경쟁이 본격화됐다. 그 과정에서 〈Korpack〉은 점차 위축되었고, 〈IPP〉는 더욱 성황을 이뤘다. 그러자 코트라가 2003년 전시를 마친 뒤 손을 내밀었다. 백기를 들고 투항해 온 것이다. 경연전람은 이 제안을 받아들여 2005년부터 두 전시회를 통합해 〈Korea Pack〉으로 명칭을 바꾸고 코트라와 공동으로 주최하기 시작했다.

'융합과 집중'을 새로운 코드로

김영수가 코트라의 요청에 응한 것은 코트라가 주최하는 〈Seoul Food〉와의 시너지 효과를 기대할 수 있다고 보았기 때문이었다. 포장공정 전시회에 출품되는 설비의 60%가량이 식품포장 설비였다. 그러기에 〈Seoul Food〉를 보러온 관람객이 〈Korea Pack〉도 보게 된다면 더 많은 정보를 얻게 될 것이었다. 그래서 같은 기간, 같은 장소에서 〈Seoul Food〉와 함께 개최하기로 하는 조건으로 코트라의 제안을 수용했던 것이다. 이는 '융합과 집중'이라는 김영수의 사업전략이 잘 구사된 결과였다.

"전시회의 3대 요소는 참가업체, 관람객, 전시주최자라 할 수 있습니다. 이 중 가장 중요한 요소가 관람객이죠. 관람객을 충족시키지 못하는 전시회는 의미가 없다고 봅니다. 그것도 한두 명이 아니라 수만에서 수십만의 관람객을 만족시키려면 볼거리가 많아야 하고, 많은 정보를 얻을 수 있게 해주어야 하며, 편안하게 관람할 수 있도록 해야 합니다."

이를 위해서는 융합과 집중이 필요하다는 것이다. 하나의 볼거리나 정보에 머물지 않고 연관된 다양한 정보와 볼거리를 제공해야 한다는 것이 융합의 전략이다. 그리고 관람객이 꼭 필요로 하는 것은 깊이 있고, 세밀하게 보여주는 것이 집중의 전략이다.

김영수는 오래 전부터 전시회에 이러한 융합과 집중화 전략을 구사했다, 1980년대 말 〈일렉트로닉 윅〉을 만든 것도 따지고 보면 융합화의 전략이었다. 기존의 〈Internepcon〉을 기반으로 〈KPCA show〉, 〈KEPES〉을 통합한 것이 바로 〈Electronic Week〉이었다. 이러한 융합화의 개념을 국내에 가장 먼저 도입한 사람이 바로 김영수였다.

그리고 1999년에 만든 〈Marine Week〉도 같은 개념이다. 기존의 〈Kor-marine〉에다 독자적인 전시회인 〈국제해양방위산업전〉(Naval & Defence), 〈국제항만 · 물류 및 해양환경전시회〉(Sea-port)를 통합한 것이다.

하나의 전시회에 관련 전시회를 덧붙여 관람객에게 다양한 볼거리와 정보를 제공하고자 함이다. 코트라와 손잡고 〈Seoul Food〉와 〈Korea Pack〉을 같이 개최한 것도 바로 융합화 전략이다.

김영수는 이러한 융합화 전략과 함께 집중화 전략도 구사했는데, 〈Korea Pack〉에 〈COPHEX〉(제약 · 화장품 산업 전시회)를 링크시킨 것이 대표적인 사례라 할 수 있다.

포장의 가장 큰 분야는 식품산업이고, 그 다음이 제약과 화장품이다. 그 중 가장 고도의 포장기술이 필요한 분야는 제약이다. 포장의 목적에는 크게 두 가지가 있는데 하나는 제품의 형질이 변하지 않게 하는 것(상하거나 변질되지 않도록 하는 것)이고, 또 하나는 구매력을 끌어내기 위한 것이다. 그런데 화장품과 제약 분야의 포장은 형질변경을 막는 것이 우선인데 이에 대한 관람객의 정보욕구가 강하다는 것을 알고는 이를 집중적으로 보여줄 수 있는 전시회를 추가로 런칭한 것이다.

모험, 킨텍스로 가자

〈Korpack〉을 흡수함에 따라 〈Korea Pack〉의 규모는 1,250부스 정도로 커졌다. 코엑스 1층 전시장 모두와 2층 전시장 일부를 사용해야 할 정도였다. 그리고 〈Seoul Food〉도 동시에 개최하기로 함에 따라 장소 문제가 대두되었다.

이에 김영수는 코트라와 협의해 새로 개장한 일산의 킨텍스에서 전시회를 개최하기로 단안(斷案)을 내렸다. 킨텍스는 코엑스보다 규모가 1.5배 정도 컸지만 서울 서부 외곽이라는 위치상의 제약을 안고 있었다. 아무래도 서울의 중심이라 할 수 있는 강남구에 위치한 코엑스에 비해 교통편이 나쁠 수밖에 없었다. 그래서 킨텍스가 지어질 때부터 전시주최자들이 킨텍스 전시를 망설이고 있었다. 그런데도 김영수는 2005년 전시회를 킨텍스에서 열겠다는 과감한 승부수를 던졌다.

이에 따라 킨텍스의 전문 전시회의 개장 전시회로 경연전람의 〈Korea Pack〉과 코트라의 〈Seoul Food〉가 합동으로 오픈됐다. 전시회는 성공적이었다. 전시회에 참가한 업체들은 곧바로 다음 전시회를 예약했고, 참가하지 않는 업체들도 다음에는 나와야겠다는 말을 하고 다녔다. 이에 따라 2006년에는 전년에 비해 규모가 30%나 늘어났다. 〈Korea Pack〉과 〈Seoul Food〉가 성공적으로 개최되자 킨텍스가 전시주최자들로부터 각광을 받기 시작한 것이다. 김영수의 단안이 전시업계에 이정표 역할을 한 셈이었다.

사실 킨텍스 개최를 놓고 김영수는 고심했다. 성공 여부에 대한 불확실성도 있었지만 관람객의 교통과 식사 문제를 어떻게 해결하느냐도 문제였다. 코엑스에 비해 대중교통편이 취약하고, 주변에 음식점도 많지 않았다.

그래서 대중교통보다는 자가용을 이용하게끔 유도하면서 임시주차장을 확보해 무료에 가까운 주차료를 받도록 했다. 사실 수도권지역 공단이 있는 안산, 수원, 인천 등지에서 오는 관람객들에게는 킨텍스가 코엑스보다 더 편리했다.

음식점이 부족해 일반 관람객은 어쩔 수 없었지만 참가업체 사람들에게만이라도 편의를 제공하고자 우리나라 전시회 최초로 점심을 무료로 제공했다. 전시장 내에 뷔페 형식으로 음식을 제공한 것인데 이는 서양에서도 일부 VIP들을 대상으로 은영하는 정도였다.

이런 노력으로 관람객은 물론, 참가업체 관계자들로부터 호평을 받았다. 특히 관람객들은 이런 전시회를 보러 굳이 해외에 나갈 필요가 없겠다는 반응을 보였다. 덕분에 다음 전시회의 규모가 전년에 비해 30%나 커진 것이다. 개최 초기가 아니고 어느 정도 성숙단계에 들어선 전시회가 30%나 신장하는 것은 흔치 않은 일이었다.

이러한 성공에 고무된 김영수는 자신이 회갑을 맞는 2012년에는 〈Korea Pack〉 하나로 킨텍스 전체를 채우기로 직원들과 약속했다. 킨텍스 전체가 3,000부스 정도 되는데, 매년 15%씩 성장한다면 가능하리라는 것이다.

"이를 위해서는 현재에 자만하지 말고 업계가 요구하는 것이 무엇인지를 적극 수용해야 합니다. 뿐만 아니라 전시회를 보러 오는 관람객들이 무엇을 보고 싶어하는지를 정확히 읽어내 이들을 위한 전시회를 만들어야 합니다. 무엇보다 고객으로부터 사랑받는 전시회를 만들겠다는 우리의 의지와 아이디어가 충만해야겠죠."

Reed와 결별, 토종 전시회사로 탈바꿈

경연전람은 2002년에 Reed와 결별하고 토종 전시주최사로 탈바꿈했다.

　Reed와 경연전람 사이에 보이지 않는 틈이 생기기 시작한 것은 경연전람이 자체 전시회를 활발히 개발하면서부터였다. 점차 전시회가 늘어나면서 경연전람이 Reed의 전시회보다 경연전람 자체 전시회에 신경을 더 쓰는 것으로 오해하기 시작했다. 경연전람으로서는 그럴 수밖에 없는 점도 있었다. Reed와 같이한 전시회들은 어느 정도 안정기에 접어든 반면, 경연전람이 새롭게 시작한 전시회는 많은 노력을 기울여 키워나가야 했기 때문이다.

　경연전람이 Reed와의 '불편한 동거'를 청산하게 됨에 따라 Reed가 소유권을 가지고 있던 〈Kormarine〉, 〈Internepcon〉, 〈Wood/Working〉의 3개 전시회가 제3의 전시회사로 넘어갔다. 이들의 규모가 경연전람 전체 전시회의 60% 정도여서 외형적으로는 엄청난 타격이었다. 실제로 당시 업계에서는 경연전람이 곧 망할 것이라는 소문이 떠돌기도 했다. 하지만 김영수가 20여 년간 회사 수익금 전체를 적립하고 있었기에 자금 압박은 받지 않았다. 또한 직원들과 합심해 자체 전시회에 전력투구, 2년 만에 옛 규모로 회복할 수 있었다.

　엄청난 타격이 예상되었음에도 김영수가 과감하게 Reed와 결별한 것은 자신의 색깔을 낼 수 있는 전시회를 만들고 싶다는 의지의 표현이었다. 젊은 시절 일에 대한 욕심 때문에 잘못 맺은 해외 전시주최사와의 관계를 계속해 나간다면 그들의 페이스에 끌려다니다가 자신의 전시회를 만들 기회를 점점 잃어갈 수 있다고 판단한 것이다.

김영수는 이제 좁은 국내시장을 뛰어넘어 동북아를 아우르는 거대 시장을 만들려는 꿈을 갖고 있다. 중국에 상해지사를 설립한 것이 그 단초라 할 수 있다.

"상해지사는 중국에서 직접 전시회를 개최하기 위한 것이라기보다는 시장 확보 차원에서 설립한 것입니다. 우리나라 전시산업이 규모의 확대를 꾀하려면 필연적으로 중국, 일본과 경쟁해야 합니다. 그런데 일본은 나름대로 시장을 갖고 있어 성장의 여력이 있고, 중국은 급성장하는 경제력을 바탕으로 전시산업이 급속도로 커질 것입니다. 그러나 한국은 한계가 있습니다."

그래서 김영수는 우리나라 시장을 키울 수 있는 방법이 무엇일지 고심했다고 한다. 고심 끝에 얻은 해답은 한국이라는 좁은 영역에서 머물 것이 아니라 북한, 그리고 우리와 연관성 많은 중국의 동북 3성 지역을 우리의 시장으로 확대하는 것이었다.

중국의 동북 3성 지역에 대한 시장 조사, 아이템 개발 등을 담당하기 위해 상해지사를 설립한 것이다. 그러나 김영수는 이 계획을 서두르지 않고 천천히 진행해 나갈 생각이다.

김영수의 또 다른 목표는 관람객 위주의 전시회를 꾸미는 것이다. 이는 우리나라 전시회가 지향해야 할 목표이기도 하다. 그런데도 김영수가 이를 목표로 삼는 것은 우리나라에는 아직 이런 전시문화가 제대로 정착되지 않았다고 보기 때문이다.

"관람객이 필요로 하는 전시회가 되면 관람료를 제대로 받을 수 있고, 그렇게 되면 참가업체의 참가비를 낮출 수 있습니다. 그러면 참가업체가

늘고, 알찬 내용을 들고 나오게 됩니다. 볼거리가 풍부해짐에 따라 관람객
이 늘어나고, 다시 참가업체가 불어나는 선순환이 이루어지게 됩니다.”

　이러한 전시업의 선순환이 이루어지려면 전시주최자가 자기 주관으로
전시회를 해서는 안 된다는 것이 김영수의 생각이다. 아울러 관람객과 참
가업체를 위한 전시회를 만들어야 하며, 전시주최자는 철저하게 참가업체
와 관람객을 이어주는 교량 역할만 해야 한다는 생각이다. 객관적인 안목
으로 수만 명의 관람객이 원하는 것을 찾아내고 이것이 충족되는 전시회
를 만드는 것이 김영수의 꿈이다.

　그래서 김영수는 회사 내의 각종 회의를 직접 주재하지 않는다. 그래야
만 직원들이 자기가 하고 싶은 얘기를 허심탄회하게 할 수 있어 좋은 아이
디어가 도출될 수 있다고 믿기 때문이다. 직원들만의 회의체제로 바꾼 지
5년이 되었다. 그리고 회사 조직을 전시회별 팀제로 운영하고 있는데, 김
영수는 이를 통해 회사가 급성장했다고 자부하고 있다.

　먼 훗날 전시업계의 ‘개척자이자 영원한 선배’로 남고 싶다는 경연전람
의 김영수 대표. 그는 회사를 직원들이 자율적으로 운영하게 하고 대신 남
은 시간을 이용해 후학을 양성하는 데 힘을 보태고 있다. 이는 우리나라
전시산업 현장을 몸으로 부딪쳐온 그의 강렬한 소망이다.

전시산업이 **블루오션**이라는 **믿음**의 결실

"두뇌 유출이라뇨? 서비스의 질 높일 계기가 될 것입니다."

1992년 2월, 〈제1회 국제어학전시회〉 개막을 앞두고 있던 한국전람의 이홍규 대표는 다른 때와는 달리 관람객들의 반응이 어떨지 긴장되었다. 지금까지 첫 전시회를 개최할 때마다 그러했지만 이번에는 경우가 좀 달랐다. 그동안 주최한 전시회는 대부분 산업설비 관련 전시회라 관람객이 관련 업계 사람들이라는 점에서 반응을 미리 짐작할 수 있었다. 그러나 이번 전시회는 일반인을 대상으로 하고 있어 반응을 미리 예단하기 어려웠던 것이다.

전시회가 열리는 날 아침, 이홍규는 잠자리에서 일어나기가 무섭게 배

달된 조간신문을 펼쳐들었다. 언제나 그렇지만 신규 전시회를 앞두고 광고나 홍보에 심혈을 기울였다. 국내에 없던 새로운 전시회가 열리게 되면 특히 언론에서 관심을 가져주었다. 전날도 많은 기자들이 개막을 앞둔 전시장을 찾아와 취재에 열을 올렸었다.

이홍규는 관람객의 반응에 앞서 조간신문에 난 언론의 반응이 우선 궁금했다. 언론의 논조가 관람객에게는 길잡이가 될 수밖에 없기 때문이었다. 신문을 이리저리 뒤적이던 이홍규의 손이 부르르 떨렸다.

'비싼 돈 들여가는 어학연수 실효 있나? – 어학연수 부추기는 전시회도 등장.'

〈제1회 국제어학전시회〉를 소개하는 기사의 타이틀이었다. 최근 학생들의 해외 어학연수 붐이 일면서 어학연수 사기사건이 속출하고 있는 마당에 어학연수를 부추기는 전시회까지 등장했으며, 비싼 돈을 들여가며 다녀오는 어학연수가 과연 합리적인 선택인지 생각해봐야 한다는 논조였다.

이홍규는 언론의 반응에 말문이 막혔다. 전날 기자들과의 인터뷰 때에 일부 기자들이 그런 논리를 펴기도 했다. 그래서 이홍규는 적극적인 대응 논리로 이 전시회의 역할과 필요성을 역설한 터였다.

"개방화와 글로벌화에 대응하기 위해서는 우리 젊은이들이 글로벌 경쟁력을 갖춰야 합니다. 따라서 해외 어학연수나 유학이 점차 늘어날 것인데, 이를 국부 유출로 보아서는 안 됩니다. 그리고 유학 사기사건이 심심찮게 발생하는데 이 전시회가 그런 폐단을 없애는 데에도 도움이 될 것입니다. 다시 말해 이 전시회가 수수료와 서비스의 표준화에 기여할 수 있다고 봅니다."

유학 사기가 발생하는 이유는 유학 알선이 음지에서 이루어지고 있기 때문이라는 것이 이홍규의 논리였다. 그러므로 유학알선 업무를 공론화시키고 양지로 끌어올려야 하는데 이 전시회가 그 역할을 담당할 수 있을 것이라는 주장이었다. 그리하여 오픈된 장에서 공정하게 경쟁하도록 해야만 사기도 줄어들고 가격도 낮아지며, 서비스의 질은 높아질 것이라는 생각이었다.

이홍규가 그렇게 열성적으로 대응논리를 폈건만 엉뚱한 기사가 나온 것이다. 기자들로서도 어학연수나 유학에 대해 사회의 부정적인 시각을 무시할 수 없었을 것이란 생각이 들었다. 사실 그의 논리에 당시 인터뷰에 참가했던 기자들이 수긍하는 눈치였으니까. 하지만 허탈했다. 이홍규는 아침 식사도 거른 채 전시장으로 달려갔다.

다행히 전시회는 무사히 치러졌다. 언론의 부정적인 시각에도 불구하고 사회현실을 반영하듯 어학연수나 유학에 관심 있는 학생들이 제법 많이 전시장을 찾아주었고 새로운 정보에 만족해 했다. 이홍규로서는 '자칫 잘못하면 첫 전시회로 끝내야 하나'라는 걱정을 덜 수 있었다. 100부스 규모의 단촐한 전시회였지만 국내 최초로 지식서비스 분야의 첫 전시회를 열었다는 자부심도 생겼다.

블루오션을 찾아 전시업에 입문

한국전람 이홍규 대표의 전시업 입문은 자신의 미래를 새로운 분야에서 개척해 보고 싶은 블루오션 전략에서 비롯되었다.

장차 무역회사를 운영하겠다는 계획을 갖고 무역사 자격증을 취득한 이홍규는 우선 무역회사에 입사했다. 자신의 사업을 하기 위한 경험 축적의 일환이었다. 그러나 1970년대 후반부터 오퍼상이 우후죽순처럼 생겨나 무역업은 경쟁이 치열한 레드오션으로 변하고 있었다. 그래서 이홍규 대표는 무역업의 꿈을 접고 경쟁이 없는 새로운 시장, 즉 블루오션을 찾기로 했다.

그러던 중 친구의 소개로 대한통운 항공화물에서 근무하던 김영수를 만났다. 당시 김영수는 영국 유명 전시주최사인 ITF가 국내에서 주최하는 전시회의 해외 전시품 통관 운송 업무를 담당하고 있었다. 김영수는 ITF가 국내 에이전트를 구하고 있다는 정보를 이홍규에게 주었고, 이홍규는 즉시 김영수와의 공동 사업을 제안했다. 그리고 1983년 경연전람을 설립해 공동 대표로 전시업을 시작했다.

이홍규는 전시업이야말로 자신이 찾고 있던 블루오션이라고 판단했다. 전시업은 선진국형 지적 서비스업이자, 당시 경쟁이 별로 없던 신시장이었다.

경연전람 설립 초창기에는 수입원이 변변치 못한 관계로 김영수는 외국계 바잉오피스에서 화물 운송업무를 수년간 수행하며 틈틈이 전시회의 중요 업무를 관장했고, 이홍규가 조그마한 사무실에서 여직원 한 명과 함께 대부분의 업무를 처리했다. 어려웠지만 이홍규, 김영수 모두에게 새롭고 희망찬 미래를 그려보는 보람된 시간이었다.

이홍규 대표는 ITF와 손잡고 일하면서 선진 전시기법을 배웠다. 즉 시장분석에서부터 기획 및 예산편성, 현장관리, 사후평가 업무 등을 익혔다. 그리고 세계 스탠더드의 서류작성 기법, 전시 참가업체와 방문객 유치를 위한 실질적인 홍보기법 등도 배웠다.

그런데 ITF가 미국의 언론그룹인 Reed에 합병됨에 따라 위기를 느낀 경연전람이 홍콩의 B&I와 손잡고 1998년에 한국전람을 설립하자 이홍규가 대표를 맡았다. 다행스럽게도 경연전람이 Reed의 한국 에이전트가 됨에 따라 경연전람은 김영수가 대표를 맡아 기존 전시회를 담당했고, 한국전람은 이홍규가 대표를 맡아 새로운 전시회를 발굴해 회사를 키워나가기로 했다. 이후 김영수와 이홍규는 일부 지분을 상호 보유하며 각자 독립경영을 통해 동반성장의 길을 찾았다.

한국전람과 손을 잡은 B&I 그룹은 모두 9개의 기업군으로 형성되어 15년 이상 아시아 지역을 중심으로 산업과 무역에 관한 일련의 홍보 및 진흥 업무에 주력하고 있었다. 매달 공업기재에 관한 산업잡지를 출판하는 B&I Publication을 비롯해 Business & Industrial Trade는 Asia EXPO사와 함께 매년 홍콩, 대만, 중국, 싱가포르, 말레이시아, 베트남, 인도네시아 등지에서 전문 무역전시회와 국제회의를 주관하고 있었다.

이러한 B&I 그룹과 손을 잡은 한국전람은 1991년 8월에 재무부로부터 합작승인을 받아 우리나라 전시업계 최초의 재무부 인가 합작법인으로 탄생하면서 성장의 기틀을 마련했다.

산업설비전에서 블루오션을 찾다

한국전람이 주최한 최초의 전시회는 1988년 4월 한국하이패션협회와 손잡고 주최한 제3회 국제여자기성복박람회다. 이 전시회는 경연전람 시절

이홍규가 맡아 주최하던 전시회였는데, 한국전람이 설립돼 독립하면서 주최권을 넘겨받은 것이었다. 그러나 한국전람은 이 전시회를 1992년까지 주최하다 한국하이패션협회로 주최권을 넘기고 손을 뗐다.

한국전람은 설립 후 국가경제의 기간산업 분야인 유리, 볼트·너트, 전선, 제지, 주조·단조, 열처리 등의 산업설비 분야에서 새로운 전시회를 잇달아 개발해 주최함으로써 자리를 잡아나갔다.

1989년에 〈국제볼트·너트, 케이블 및 전선생산기자재전〉을 개최한 것을 비롯해 1990년 〈국제제지산업전〉, 1992년 〈국제어학전시회〉와 〈국제유리산업전〉, 1993년 〈국제주조·단조및열처리산업전〉, 1994년 〈국제시멘트·콘크리트산업전〉, 1997년 〈국제골판지산업전〉을 런칭하며 성장을 거듭해 왔다.

이러한 산업전을 집중적으로 개발한 것은 당시의 경제 여건과 무관하지 않았다. 1990년대 각 산업이 현대화·자동화되어 가면서 새로운 설비 및 기술이 요구되자 기업들이 설비를 구입하러 유럽 전시회로 가고 있었다. 이에 한국전람은 여러 산업전을 전문화해 개최했는데, 모두 국내에서 최초로 시도되는 전시회였다.

이처럼 이홍규는 회사 설립 초기부터 전시회 개발에 힘을 기울였다. 전시회는 사이클이 있게 마련이어서 잘 나가다가도 어려움을 겪을 수 있고, 쇠퇴의 길을 걸을 수 있다고 보았다. 그러기에 다양한 여러 전시회를 가져야만 어느 한두 전시회가 어려움에 봉착하더라도 잘 나가는 다른 전시회의 도움으로 위기를 극복할 수 있다고 생각한 것이다. 일종의 사업다각화와 같은 개념이었다.

그러나 이홍규는 신규 전시회 개발에 있어 확고한 기준을 갖고 있었다.

남이 하는 전시회는 하지 않는다는 것이었다. 그리고 해외업체가 많이 참가하는 전시회를 우선 개최하기로 했다. 이홍규가 주최한 산업설비전이나 어학 전시회도 이런 기준에 해당된다고 할 수 있다.

이홍규는 왕성한 전시회 개발욕구를 갖고 있었지만 당시 성장산업이던 IT산업 분야에는 관심을 두지 않았다. 이 분야는 20여 개 전시회가 난립할 정도로 레드오션이 되어가고 있었다. 이홍규는 아직 성숙되지 않은 산업, 화려한 스포트라이트를 받고 있지 않은, 그러나 산업의 근간이 되는 분야를 눈여겨보았다.

볼트 · 너트나 전선, 유리, 주조 · 단조, 열처리, 제지, 시멘트 · 콘크리트 등이 그의 촉수에 포착됐다. 이들 산업은 규모가 크지 않았기에 대규모 전시회로 성장할 가능성이 낮았다. 그러기에 남들이 별로 주목하지 않았다. 그러나 이홍규는 이러한 분야에서 화려하지는 않지만 꼭 필요한 전시회를 만들었고, 알차게 키워냈다. 한번도 남이 하던 분야에서 전시회를 하지 않았다는 이홍규의 자부심이 묻어나는 대목이다.

이홍규는 그 분야에서 새롭게 부각되는 파생분야 전시회를 개발해 접목함으로써 규모를 키워나갔다. 제지산업전을 하면서 골판지산업 전시회를 개발해 덧붙였고, 유리산업전을 하면서 창호재전을 런칭했으며, 튜브 & 파이프 산업전, 다이캐스팅 산업전을 개발한 것 등이 대표적인 사례다.

성공 전시 〈해외유학박람회〉

산업설비 전시회를 많이 주최했지만 한국전람의 간판 전시회는 1992년에

〈국제어학전시회〉란 이름으로 시작한 〈해외유학박람회〉라 할 수 있다. 이 전시회는 세계전람의 〈서울국제유아교육전〉과 더불어 교육 분야 대표 전시회로 손꼽히고 있다.

산업설비 위주의 전시회를 주로 런칭하던 한국전람이 당시로는 흔하지 않던 서비스 산업 관련 박람회인 어학 전시회를 개발한 것은 '남이 하지 않는 전시회, 해외업체 참가가 많은 전시회'를 만들겠다는 이홍규의 신념과 무관하지 않았다. 당시 국내에서는 어학연수 붐이 일고 있었다. 경제·사회적으로 글로벌화가 촉진되면서 외국어의 중요성이 부각되자 대학생들을 중심으로 어학열풍이 불었던 것이다. 이에 따라 방학을 이용해 해외로 단기 어학연수를 나가는 학생들이 증가하고 있었다.

이때 한국전람의 합작선인 홍콩의 B&I가 어학 전시회가 유망할 것 같으니 한번 검토해 보라는 조언을 해주었다. 당시 국내에는 이런 전시회가 전혀 없었다. 이홍규는 이 분야 전시회의 성공 가능성을 예감했다.

이홍규는 곧바로 국내 학생들이 어학연수나 유학을 많이 가는 국가의 대사관을 찾아가 취지를 설명했다. 이들 국가 대사관들로서는 크게 환영할만한 일이었다. 선진국에서는 이미 교육을 하나의 산업으로 육성하면서 해외 유학생 유치에 발 벗고 나서고 있었다. 그 전초기지라 할 수 있는 대사관으로서는 손 안 대고 코 풀 수 있는 기회라고 여겼다. 대사관들은 적극적으로 도와주겠다며, 자국의 유명 대학에 추천서를 보내겠다고까지 했다.

이에 용기를 얻은 이홍규는 전시회 기획에 들어갔다. B&I를 통해 해외 전시 사례를 수집했다. 외국에서는 이런 전시회가 이미 활발하게 열리고 있었다. 그런데 이런 전시회에 참가할 수 있는 업체로는 외국 대학과 국내의 어학 및 유학 알선업체들이었다. 국내업체의 모집이야 한국전람이 담당할 수 있지만, 아직 회사 연륜이 짧고 경험이 일천하기에 세계를 돌아다니며 외국 대학을 모집하기이는 힘이 모자란다고 판단했다.

그래서 해외 경험업체와 손을 잡기로 했다. 싱가포르에서 교육박람회를 개최한 경험이 있는 싱가포르 회사와 줄이 닿았다. 이 회사의 사장이 과거 ITF 싱가포르 법인에 근무한 경험이 있어서 쉽게 뜻을 같이할 수 있었다. 그리고 이 회사와 손잡고 있던 독일의 ICEF도 만날 수 있었다. ICEF는 대학 관련 출판 및 순회 전시회 개최 경험이 풍부했다. 한국전람으로서는 큰 힘을 얻을 수 있었다.

이에 따라 한국전람이 50%를, 싱가포르회사와 독일의 ICEF가 각각 25%를 투자해 전시회를 주최하기로 했다. 한마디로 3국 합작 전시회였다. 그러나 싱가포르 회사와 독일 회사가 IMF를 전후해 손을 떼면서 지금은 한국전람이 단독으로 주최하고 있다.

해외 대학 및 업체 유치는 3개 사가 각각 지역을 나눠 분담하기로 했다. ICEF는 유럽과 미국의 대학을, 싱가포르 회사는 동남아 국가와 중국의 대학을, 그리고 한국전람은 전시회를 총괄 진행하면서 국내업체를 모집하기로 했다. 국내업체는 어학연수나 유학을 알선하는 업체들이었다.

한국전람은 전시회 준비를 위해 싱가포르로 가서 합작사가 주최하는 전시회를 살펴보며 어학 전시회에 대한 감을 익혔다. 그리고 해외 대학을 유치하기 위해 해외에서 열리고 있는 관련 전시회를 찾아다니며 홍보에 나섰다. 파리학생박람회, 유럽교육박람회, 홍콩과 싱가포르의 교육박람회 등에 나갔다.

한국에도 이런 전시회가 있으며, 어학연수나 유학을 가는 한국 학생들이 많으니 한국에서 홍보를 한다면 좋은 결과가 나올 것이라며 설득했다. 반응도 좋았다. 한국 유학생이 늘어나는 추세였고, 실력도 뛰어나고, 스승에 대한 존경심도 높다는 것이 알려져 있었다. 이러한 해외전시회 홍보는 첫 전시회부터 지금까지 지속적으로 이루어지고 있다.

〈해외유학박람회〉는 2회 때인 1993년에는 〈국제유학및어학전시회〉로, 4회 때인 1995년에는 〈국제학생박람회〉로 전시회 명칭을 개칭하고 발전을 꾀했다. 유학 및 어학 전시회로 개칭한 것은 고객의 니즈를 적극 반영한 것이었다. 어학연수 알선업체들이 대부분 유학알선도 겸하고 있었는데, 보다 많은 관람객을 유치하려면 명칭에 '유학'을 표기하는 것이 좋겠다는 의견을 개진한 것이다.

1995년에 〈국제학생박람회〉로 바꾼 것은 출품업체보다는 관람객에 포커스를 맞추기 위한 전략이었다. 유럽과 미국 등지의 유사 박람회를 참가해 본 결과, 이들 모두가 방문객 위주인 학생박람회로 부르고 있음을 알게 됐다. 이에 한국전람도 전시회 운영 모토인 '방문객이야말로 전시회의 가장 큰 자산이다' 라는 인식 하에 국제학생박람회로 개명한 것이다.

그런데 뜻이 좋다고 결과가 다 좋은 것만은 아니다. 학생박람회로 바꾸자 부작용이 생기기 시작했다. 전시회의 성격이 광범위하게 인식되면서 혼란이 생긴 것이다. 학생들이 좋아하는 교재나 팬시용품을 취급하는 전시회로 잘못 인식하는 경우도 생겼다. 결국 1998년부터 〈해외유학 · 어학박람회〉로 명칭을 바꾸자 이때부터 혼동이 없어졌다. 2000년에는 〈해외유학박람회〉로 명칭을 바꿔 오늘에 이르고 있다.

어쨌거나 한국전람이 주최한 이 박람회는 단기 어학연수 및 유학 희망자들의 관심 속에 착실하게 성장해나갔다.

미 대사관과 손잡고 발전의 전기 마련

한국전람의 〈해외유학박람회〉는 1997년에 한국 주재 미국 대사관과 손을 잡으면서 성장의 모멘텀을 마련할 수 있었다. 1994년부터 자체적으로 미국유학 관련 박람회를 개최해 오던 미 대사관이 한국전람에 공동 개최를 제의해 온 것이다. 사실 한국전람이 첫 전시회를 주최하기 위해 각국 대사관을 방문했을 때 대부분의 대사관이 호의적인 반응을 보이며 적극적인 지원을 약속했다. 그러나 유독 미 대사관만 미지근하게 나왔다. 나중에 알고 보니 당시 미 대사관은 자체적으로 〈스터디 USA〉란 박람회 개최 계획을 갖고 있었던 것이다.

〈스터디 USA〉는 한국전람보다 2년 늦은 1994년에 개최됐다. 미국 유수의 40여 개 대학이 참가할 정도로 꽤 알찬 전시회였다. 그런데 1996년 전시회를 개최하고는 미 대사관이 한국전람에 손을 내밀었다. 당시 이 전시회를 주관한 미 대사관의 상무관은 Reed에서 국제전시부장으로 근무한 경력이 있는 사람이었다. 이 사람이 과거의 경험을 살려 전시회를 주최했는데, 막상 해보니 힘에 부치자 같은 성격의 전시회를 따로따로 할 것이 아니라 양 전시회를 같은 시기에 같은 장소에서 하자고 제의한 것이다. 당시 국내 유학생의 절반이 미국으로 가고 있는 상황에서 이홍규는 그 제의에 구미가 당겼다. 따로따로 개최한다면 최대 시장인 미국을 놓고 치열한 경쟁을 벌여야 했고, 이는 양쪽 모두에게 이득이 되지 않을 것이라고 보았다.

결국 몇 차례의 협의 끝에 동등한 조건으로 손을 잡기로 했다. 다시 말해 당시 한국전람의 전시회가 미 대사관의 전시회보다 규모가 컸지만 홍보비용 등의 부대비용을 동등하게 부담하기로 했다. 행사 비용이 대폭 축소된 미 대사관의 입장을 고려한 것이지만 한국전람으로서도 손해볼 것이 없다고 판단했던 것이다.

그런데 1997년 전시회를 미 대사관과 손잡고 주최하자 언론들이 높은 관심을 보였다. 언론사가 너도나도 몰려와 전시회를 적극 보도해 주었다. 미 대사관의 부대사는 한국인 아내를 두었는데, 한국말을 제법 할 줄 알았다. 테이프 커팅을 하고 나서 부대사가 축사를 하면서 한국말로 "지피지기면 백전백승이다. 미국을 알아야 미국을 이길 수 있다"고 했는데 이것이 TV의 9시 뉴스에 나가자 큰 반향을 일으켰다. 전시회가 성황을 이뤘음은 물론이다.

이 전시회의 성공에 힘입어 유학 전시회에 대한 인식이 많이 바뀌었음은 물론, 상무관인 리처드는 미 대사관으로부터 포상을 받고 승진도 했다.

그런데 미 대사관은 한국전람과 세 번을 같이하다가 전시 주최권을 민간에 매각해 버렸다. 이는 결국 한국전람과의 결별이라는 결과를 가져왔다. 이를 낙찰받은 회사가 미 대사관과 하던 조건 그대로 해달라는 요구를 해왔다. 한국전람이 주최하던 전시회의 규모가 두 배 정도 컸으나 대사관의 홍보비가 적어 50대 50으로 부담했는데, 자신들에게도 그렇게 해달라는 것이었다.

대사관도 아니고 민간업자와 조인하는 마당에 한국전람이 굳이 그런 편의를 봐줄 수는 없었다. 이에 따라 양측이 결별하면서 다시 경쟁 체제로 돌아갔다. 그런데 상대편은 전시회를 한 번 하고 접었다. 미 대사관이 할 때 그쪽에 참가했던 미국의 대학들이 대거 한국전람의 전시회에 참가

했기 때문이었다. 관건은 어느 쪽이 더 관람객에 대한 서비스가 좋은가
였다.

외환위기, 위기이자 전환점

잘 나가던 〈해외유학박람회〉에도 위기가 찾아왔다. 그 위기는 〈해외유학
박람회〉만의 것이 아닌 1997년 말 우리나라 전체가 겪어야 했던 외환위기
라는 태풍이었다. 그 태풍은 국내 전시업계를 강타했다. 〈해외유학박람회〉
의 규모가 절반으로 줄어들었다.

기업이 부도가 나고 실업자가 넘쳐나면서 유학을 가려는 학생들에게
타격이 됐다. 부모가 유학비를 지원하기 어려워진 경우가 많았기 때문이
다. 심지어는 유학을 갔던 학생들의 유턴이 속출하기도 했다. 이 때문에
유학 알선업체들이 타격을 받으니 당연히 전시회 참가가 줄어들 수밖에
없었다. 뿐만 아니었다. 한국전람이 주최하던 산업설비 전시회인 〈국제볼
트·너트, 케이블 및 와이어산업전〉, 〈국제제지 및 지가공 산업전〉, 〈국제
유리산업전〉, 〈국제 주조·단조·공업로 및 열처리 산업전〉, 〈국제 시멘
트·콘크리트 산업전〉은 더 큰 타격을 입었다. 전시 규모가 1/3로 줄어든
것이다. 한국전람 설립 이후 최대 위기였다. 소나기는 피해가라고 했듯이
'전시회를 잠시 쉴 것이냐? 아니면 강행할 것이냐?'를 두고 이홍규는 고
심했다. 고심에 고심을 거듭하던 이홍규는 직원들을 모아놓고 말했다.

"우리는 그대로 간다. 중단하면 다시 하기 어렵다. 규모가 줄어들면 줄
어드는 대로 계속한다."

회사가 어려웠지만 대표의 결연한 의지에 직원들은 동요하지 않고 힘을 모았다. 직원을 해고정리하지도 않았고, 직원들도 자기 자리를 지키며 똘똘 뭉쳐 위기 극복의 방안을 찾았다.

〈해외유학박람회〉의 경우 다행인 것은 전시부스가 절반으로 줄었지만 외국 대학의 참가 비율이 높아 큰 도움이 되었다. 외국 대학들은 그리 많이 줄지 않았고, 또 달러로 참가비를 받았기에 환율 상승의 덕을 톡톡히 보기도 했다. 환율이 800원대에서 1,600원대로 두 배나 뛰었기 때문에 전시 부스는 절반으로 줄었지만 매출은 20~30%밖에 줄지 않았던 것이다.

뚝심으로 버틴 보람이 있어 〈해외유학박람회〉는 2년 만에, 산업설비 박람회들은 4년 만에 예전 수준으로 회복됐다.

외환위기는 〈해외유학박람회〉에 어려움을 안겨주었으나 전환점이 되기도 했다. 초기에는 관람객이 어학연수나 유학을 가려는 대학생이 주류를 이루었으나 외환위기 이후에는 직장을 다니다 안정된 직업을 갖고 싶어 유학이나 연수를 가려는 30대 직장인들의 발길이 잦았다.

골프, 요리, 호텔경영, 메이크업 등에 대한 수요가 생기자 이쪽에 필요한 직업학교를 발굴할 필요성이 생겼다. 이에 이홍규는 외국의 전문직업학교를 적극 발굴해 고객의 수요에 적극 대처했다. 또한 이 시기에 직장을 다니면서도 MBA 전문 과정을 밟아 스스로 몸값을 높이려는 경향도 생겨났다. 참가업체도 초기에는 외국 대학과 국내의 유학 알선업체가 대부분이었으나 유학과 관련된 서비스업체들이 참가하기 시작했다. 환전을 하는 은행, 택배 서비스업체, 보험회사, 국제전화카드 업체들이 참가하기 시작한 것이다. 이러한 변화는 〈해외유학박람회〉의 양적 질적 확대에 기여했다.

수요가 있는 곳에 공급이 있다

2000년에 들어서면서 한국전람은 다시 한번 변신을 시도했다. 〈해외유학박람회〉의 지방 개최를 단행한 것이다. 2000년 10회 전시회 때 서울에 이어 부산에서도 전시회를 개최한 것은 수요가 있는 곳에 공급이 있다는 논리를 반영한 것이었다.

외국 대학들이 우리나라 전시회에 참가하는 일은 우리나라 한 군데만 보고 오는 것이 아니었다. 우리나라를 비롯해 일본, 대만, 중국을 순례하면서 전시회에 참가하는 것이 일반적이었다.

그런데 우리나라보다 인구가 적은 대만의 경우, 타이페이에서 전시회를 개최한 후 곧바로 제2의 도시인 카오슝에서 전시회를 열었다. 그런데도 한국에서는 서울에서만 하고 제2의 도시인 부산에서 하지 않는 것을 의아해했다. 이러한 외국 대학들의 요구를 반영해 2000년부터 부산 전시를 단행했고, 2002년에는 대구에서도 전시회를 개최했다. 이후 부산에서 지방 전시회를 지속적으로 개최하고 있다.

이와 더불어 일 년에 한 번하던 전시회를 봄, 가을 두 차례 개최하는 모험도 단행했다. 이무렵 해외연수가 붐을 이뤘다. 대학생들 사이에서는 아르바이트로 비용을 마련해 한번쯤 해외연수를 다녀오는 것이 유행이었다. 그러자 학생들이 겨울방학을 이용해 해외연수를 갈 수 있도록 가을에도 전시회를 열어달라고 요청하기에 이르렀다. 그래서 1999년 가을에 급히 전시회를 준비했는데, 코엑스에 장소가 없어 학여울전시장을 빌렸다. 학여울전시장이 일반에 널리 알려져 있지 않아 걱정을 했지만 의외로 관람객이 많아 쉽게 정착되었다. 이후 코엑스로 자리를 옮겼고 규모 역시 봄 전시회에 버금갈 정도로 커졌다.

또 하나의 변화라면 처음에는 대학들이 개별적으로 참가했으나 이제는 대부분의 국가들이 국가관 형태로 나오고 있다는 것이다. 이는 한국전람이 전략적으로 유리한 것으로, 관람객에 대한 편의를 제공하기 위함이었다. 한 나라의 대학이 모여 있으면 비교 선택이 편할 수 있다. 관람에 따른 시간과 노력이 절약됨은 물론이다. 가구점 거리에 가구점이 모여 있는 것과 같은 이치다.

이와 더불어 참가 국가가 대폭 늘어났다. 초기에는 미국과 유럽 국가의 대학이 주류를 이뤘으나 이제는 호주, 중국, 싱가포르, 말레이시아, 홍콩, 필리핀 등으로 다양해졌다. 이에 따라 볼거리와 정보가 최대한 많아짐으로써 관람객들에게 선택의 기회를 더욱 넓혀줄 수 있었다. 관람객이 많아지면서 참가 대학들도 만족하게 되면서 전시회를 질적으로 성장시킬 수 있었다.

유학에다 이민을 접목

이홍규 대표는 여기에 그치지 않고 2000년에 〈해외이주이민박람회〉를 개발해 〈해외유학박람회〉와 시너지를 높였다.

이민알선업체들이 유학알선을 겸하고 있는 경우가 많아 〈해외유학박람회〉에 일부 참가했다. 그런데 이들이 별도의 이민 전시회를 주최해 줄 것을 요청해 왔다. 해외이민자의 수가 유학자의 1/10에 불과했지만 하나의 시장을 이루고 있어 전시회가 가능하다는 것이었다.

이에 이홍규 대표는 사단법인 해외이주알선협회를 찾아가 관계자들을 만나 취지를 설명했다. 그랬더니 전시회를 개최한다면 회원사들의 참가를 독려해 줄 수 있다는 것이었다. 대신 조건을 내걸었는데, 이민이란 타이틀을 걸어줘야 한다는 것이었다.

여기서 이홍규 대표는 어떤 사명감 같은 것을 느꼈다. 〈해외유학박람회〉를 통해 혼탁하던 유학시장의 서비스와 수수료를 표준화시켜 고객의 만족도를 높였듯이 이민시장도 그렇게 해야겠다는 생각이 들었다. 대신에 이민 시장은 규모가 적으므로 단독 개최에는 어려움이 따를 것이라고 판단해 〈해외유학박람회〉와 동시에 개최하기로 했다. 두 전시회가 유사점이 많아 시너지 효과를 높일 수 있다는 측면도 고려했다.

그런데 〈해외이주이민박람회〉를 개최하자 의외의 반응이 나타났다. 언론이 앞다투어 전시회 개최 사실을 보도한 것이다. 그런데 이번에도 역시 8년 전의 유학박람회 개최 당시처럼 의외의 논조였다.

당시 우리나라는 정치·경제적으로 어려움과 혼란을 겪고 있었다. 이런 것에 혐오감을 갖고 '차라리 이민이나 갔으면' 하는 사회 심리가 팽배했다. 이런 때에 이민박람회가 열리자 언론은 '오죽했으면 이런 박람회가 열리겠느냐'며 정치권을 꼬집고 나섰다. 당시 시대상을 반영한 시니컬한 논조였지만 어쨌거나 박람회를 알리는 데에는 더없이 좋은 기회가 되었다. 씁쓸함을 지울 수 없지만 덕분에 〈해외이주이민박람회〉는 성황을 이룰 수 있었다.

전시산업 발전의 초석이 되기를 꿈구며

2006년 현재 한국전람이 가지고 있는 전시회는 7개인데 이 중 연간 4~5개를 주최하고 있다. 이홍규는 신규 전시회보다는 연계된 전시회를 개발해 1년에 6개, 다시 말해 2개월에 한 번씩 전시회를 개최해 지속적이고 안정적인 성장을 이룰 수 있도록 할 계획이다. 장기적으로는 외국의 성공적인 전시회처럼 한 전시회만으로도 사업체가 될 수 있도록 규모를 키우고 있다. 현재 열리고 있는 전시회 중에서 이런 가능성이 큰 전시회로 주저없이 〈유학박람회〉를 꼽는다.

이홍규 대표는 경험 있고 능력 있는 직원을 성장 파트너로 키워 공동사업을 할 수 있도록 하고, 전시회 2~3개를 독립적인 사업체로 만드는 것이 장기 목표이자 개인적인 꿈이라고 밝힌다. 실제로 홍콩이나 유럽 같은 곳에서 이렇게 하고 있다는 것이다.

이홍규가 전시업을 하며 고수하는 철칙은 '원칙을 지키자'다.

'철저한 시장조사와, 서비스에서도 원칙을 지켜라. 일부 참가업체에 출품료를 깎아주지 마라. 당시는 좋아도 비밀이 없다. 어렵더라도 원칙을 깨지 마라. 한번 더 찾아가 설득하더라도 카우보이 식으로 나와도 물러서지 마라. 공짜 떡은 시시하게 여긴다. 참가비를 내린 만큼 홍보비용을 줄일 수밖에 없게 된다.'

외국에서는 이런 원칙이 시스템화되어 있다. 한국전람도 시스템을 만들어 시행하고 있다. 첫 참가 때에는 참가비를 정상 가격 그대로 받되, 그 후 5%씩 할인해 주고, 3회 이상 연속으로 참가하면 15%를 할인해 주고 있다, 그리고 10부스 이상일 경우에는 5% 할인해 주기도 한다.

"전시회는 나를 포함한 관계된 모든 사람들을 행복하게 할 수 있는 사업이라고 생각합니다. 전시회 자체가 열정을 쏟아 부을 만한 매력적인 산업이라고 생각하고 있습니다. 특히 젊은이들이 모험적이고 창의적인 정신을 가지고 임할 수 있는 가장 매력적인 서비스 산업이라고 할 수 있습니다."

자신이 만들어내고자 하는 것이 일 년 안에 가시적으로 결과를 볼 수 있기 때문에 아이디어를 낸 만큼 성과가 보인다는 것이다. 매력이 큰 만큼 성장단계에 들어가면 경쟁이 심해져 어려움을 겪을 수 있다는 사실을 간과해서는 안 된다는 말도 덧붙인다. 그러기에 항상 긴장하고 열과 성을 다해야 한다는 것이다.

이홍규가 전시업에 발을 들여놓던 당시에는 일반인들이 전시회가 무엇인지조차 알지 못할 정도로 제대로 정착되지 않은 상태였다. 좀 안다는 사람들도 정부에서 하는 것으로 인식하는 정도였다.

'어떻게 개인이 주최를 하느냐? 참가업체가 왜 돈을 내느냐? 인테리어 하는 것이냐? 수입은 어디서 나오느냐?'

1990년대 초반까지만 해도 이런 질문을 심심찮게 받았다. 물론 관람객에게 관람료를 받는 것은 생각조차 하지 못했다.

"장인이 대학교수셨는데 어떻게 수익을 올리는지 궁금해 하시기에 참가업체로부터 참가비를 받고, 관람객에게 관람료도 받는다고 했더니 이해가 되지 않는다는 표정을 지으시더군요. 그래서인지 전시회 때마다 오셔서 걱정 어린 시선으로 전시장을 둘러보곤 하시죠. 대학교수라면 당대 최고의 지식인인데도 그러했으니 보통 사람들은 오죽했겠습니까."

　그러던 전시산업이 비로소 하나의 산업으로서 정부로부터 인정받기 시작한 것이 2000년대 초라고 보고 있다. 해외전시회가 있는 것은 알아도 국내 전시산업은 큰 전시장만 있으면 저절로 굴러가는 것으로 인식했으나, WTO가 발족하면서 해외 선진국들에서는 모든 산업이 전시산업 지원을 통해 성장한다는 것을 알게 되었다는 것이다.

　그러나 이흥규는 아직도 정부가 전시산업의 핵심이 전시장이라는 생각을 갖고 있는 현실을 못내 아쉬워한다. 하드웨어가 잘 돌아가려면 이를 구동하는 소프트웨어가 훌륭해야 하는데, 이 점이 아직도 잘 인식되지 못하고 있다는 것이다.

해마다 **결혼을**
꿈꾸는 남자

서울전람 김민수 대표는 거리에서 포스터를 붙이는 이들이 눈에 띄면 잠시 눈길을 멈춘다. 독립해 처음으로 전시를 준비하던 그때 그 시절이 떠올라 입가에 빙그레 미소까지 지어지며 무언가 가슴에 차오른다. 첫 전시, 데뷔 전 때의 심정이란 아마도 첫사랑의 열정과도 같지 않을까?

1992년 6월, 전시회 오픈을 앞둔 서울전람 사무실은 낮밤이 따로 없었다. 저녁 10시가 가까워지자 김민수와 직원들은 전시회 포스터를 챙겨들었다.

"자, 오늘은 이대 앞으로 갑시다."

"파이팅!"

웨딩숍이 줄지어 있는 아현동 언덕길, 서울전람 사람들이 지나간 거리에는 〈제1회 한국결혼상품전〉(WEEDDX Korea 1992)의 오픈을 알리는 포스터들이 붙여져 있었다.

"이 포스터를 보고 관람객들이 한 명이라도 더 와줘야 할 텐데…"

어느 새 저 멀리 밝아 오는 검푸른 새벽하늘을 바라보며 컵라면 한 그릇으로 피곤을 달래는 그들의 얼굴은 설렘과 열정으로 가득했다.

"비용 때문에 발로 직접 뛰고 매달리는 홍보를 할 수밖에 없었어요. 밤마다 포스터 붙이고 새벽에 들어가고, 힘들었지만 참 재미있었습니다."

〈한국결혼상품전〉도 초기에는 TV나 신문에 광고할 엄두조차 내지 못했다. 그 대신 김민수 대표와 직원들은 땀과 시간, 그리고 성실로 부족한 홍보를 메워야 했다. 신문기자를 찾아다니며 애원하듯 기사를 부탁하는 언론 플레이도 빼놓을 수 없었다. 다행히 규모는 작았지만 새로운 전시회다 보니 이슈가 되어 신문에 크게 기사화되었고, TV 뉴스시간에도 잠깐 소개되었다. 이는 전시회가 첫걸음부터 자신감을 가질 수 있는 좋은 계기가 되었다.

전시를 위해 태어난 사람

김민수 대표를 전시업계로 이끌어준 사람은 한국반도체산업협회 회장을 지낸 부친이었다. 부친은 반도체 전시회를 통해 전시업을 잘 알고 있었고, 전시주최사인 K사의 김영수 대표와도 친분이 있었다.

김민수가 처음 본 사람들과도 금방 친해지고, 사람들 만나고 어울리기 좋아하는 등 유난히 친화력이 있는 것을 안 부친은 전시업이 적성에 맞겠다는 생각에서 김영수 대표에게 아들을 부탁했다.

1989년 말 K사에 입사한 김민수는 전시가 무엇인지 사전 지식 하나 없이 전시업무 현장에 투입됐다. 당시 K사는 〈Kormarine〉, 〈Internepcon〉, 〈환경보전기술전〉(ENTEC)을 진행하고 있었다. 신입사원 김민수에게 맡겨진 전시회는 〈ENTEC〉였다.

처음에는 그저 선배들이 시키는 대로 하나하나 일을 배우기 시작했지만 김민수는 일을 하면 할수록 재미있고 적성에도 잘 맞는다는 것을 알았다. 부친의 예상대로 김민수와 전시는 첫눈에 서로 반한 찰떡궁합이었다. 일이 좋아 더 많이, 더 깊이 알고 싶었다.

김민수는 일과를 마친 후에도 사무실에 남았다. 전시 서류와 관련 자료, 잡지들 속에 파묻혔다. 자정을 넘겨가며 시간 가는 줄도 모르고 전시업무와 홀로 씨름하길 6개월 여, 전시에 자신이 생겼다. 누가 강제로 시켰다면 그렇게 열심이었을까?

김민수는 자신의 전시회를 만들기 위해 1991년에 K사를 그만두었다. 2년 남짓한 짧은 경험과 6개월 동안의 독학이 전부였지만 전시는 이미 청년 김민수를 사로잡고 있었다.

"지금까지 전시일을 해오면서 꿈에서라도 내가 왜 이 일을 했을까? 단한 번도 후회한 적 없습니다."

자신의 전시주최사인 서울전람을 설립한 김민수는 첫 작품으로 〈한국결혼상품전〉(WEEDDEX)을 개최하기로 했다. 전시회를 준비하면서 김민수는 전시에 더욱 빠져버렸고, 사람마저 달라졌다. 누구보다도 친구들과의 만남을 좋아하던 그가 퇴근 후에는 물론이고 토요일이나 일요일에도 개인적인 시간을 갖지 않았다. 친구를 만나는 것은 물론이고, 신혼이었음에도 불구하고 아내와의 오붓한 데이트조차 여의치 않았다.

그렇게 30대의 정열을 모두 바쳐 일궈낸 첫 전시회가 바로 〈WEED-DEX〉이다. 김민수 대표는 이제 직원들에게 자신 있게 말한다.

"그때 그 시절 나같이 정열을 바치면 무슨 일이든 성공할 수 있다."

국내 10대 전시회에 랭크된 〈한국결혼상품전〉

2006년 8월 제26회에 이른 〈WEEDDEX〉는 한국 최대 규모의 웨딩 전시회로 확고하게 자리잡았다. 우리나라를 대표하는 10대 전시회에도 그 이름이 올라 있다. 규모 면으로만 보면 5위권에 들며 소비재 전시회 중에서는 〈경향하우징페어〉 다음으로 규모가 큰, 이른바 성공한 전시회다.

첫 전시회는 1992년 6월에 100부스도 채 안 되는 규모로 열렸지만 관람객 2만여 명을 끌어들일 만큼 주목받았다. 이듬해 1993년에는 전시장 규모가 무려 네 배 이상 커졌고, 관람객은 두 배가 늘어 4만여 명이 다녀갔다. 늘어나는 수요에 대응하기 위해 1996년부터는 봄, 가을로 매년 두 번씩 열고 있다. 초기에는 나흘 동안 열었지만 규모가 커지자 닷새로 늘렸으며, 일반 전시회와는 달리 직장인들을 배려해 저녁 9시까지 문을 열어놓고 있다. 뿐만 아니라 2005년에 킨텍스가 개장되면서부터 〈웨딩엑스포〉란 또 하나의 웨딩 전시회를 마련했다. 250부스 규모로 아이템은 비슷하지만 일산을 비롯한 경기, 인천 지역 관람객을 타깃으로 봄, 가을 두 차례 열고 있다.

결혼 준비에 필요한 모든 것을 한자리에서 알아볼 수 있는 이 전시회는 합리적이고 알뜰하게 결혼준비를 하고자 하는 신세대 예비부부들이 꼭 다녀가야 할 필수 코스로 각광받고 있다. 5500평의 코엑스 전관을 전시장으로 이용할 정도로 성장한 이 전시회의 2006년 봄 전시회에는 6만여 명의 예비신혼부부들이 다녀갔다. 7개국 200여 업체가 참여했으며 900부스 중 100부스가량이 해외업체로 채워질 정도로 점점 해외업체들의 참여가 늘고 있다.

　"물론 열심히 한 것도 그렇지만 무엇보다 운과 시기까지 잘 따라주었다고 생각합니다. 그리고 웨딩업계 사람들하고 빨리 친해진 것도 전시가 성공할 수 있는 든든한 기반이 되었습니다."

　〈WEEDDEX〉를 성공 전시회로 끌어올릴 수 있었던 김민수의 성공비법은 무엇이었을까?

✽ ✾ ✽ ✾ ✽

투잡 생활, 점심도시락 싸기 2년

K사를 나온 김민수는 3개월 동안 전시 아이템을 구상했다. 해외 네트워크가 없고, 자본력도 부족해 국제 전시회는 무리라고 판단했다. 자신의 처한 상황을 냉정하게 판단한 그는 국내 전시, 그 중에서도 내수용 퍼블릭 전시회를 준비하기로 마음먹었다. 구체적인 아이템을 선정하기 전에 선정 기준의 키포인트를 점검했다. 첫째, 규모가 큰 전시를 해야 한다. 둘째, 규모를 크게 하기 위해서는 어떤 아이템이든 업체 수가 많아야 한다.

　아내와 함께 머리를 맞대고 전시주최자가 아니라 일반 대중의 입장에서 필요한 전시회가 무엇인지 접근해 보았다. 그러다 '결혼' 이란 키워드를 찾아내게 된 것이다. 결혼한 지 얼마 되지 않은 김민수였기에 누구보다도 결혼 준비를 하며 겪었던 어려움들을 생생하게 기억하고 있던 터라 운과 시기가 잘 따라준 성공의 청신호였다.

무엇보다 결혼은 웨딩촬영, 드레스, 신혼여행, 신혼살림준비 등 여러 가지 아이템을 포함하고 있어 참여할 수 있는 업체들이 무궁무진했다. 또 다행인 것은 조사 결과 결혼상품전과 비슷한 것이 하나 있었으나 전시회라기보다는 세미나 수준이었다.

30대의 감각을 동원해 결혼상품전을 열기로 결심한 김민수는 최대한 많이 묻고 많이 듣는 조사단계로 돌입했다. 먼저 아내의 이야기에 귀를 크게 열었다. 결혼준비하며 아쉬웠던 점, 이런 걸 좀더 서비스해 주었으면, 그리고 한눈에 볼 수 있도록 해주었으면 하는 의견을 들었다. 그 다음은 아직 결혼하지 않은 직원들에게 물었다. 결혼하기 전에 필요한 것이 무엇이냐? 어떤 결혼식을 하고, 어떤 신접살림을 차리고 싶으냐?

이러한 조사 과정은 예비부부가 진정 원하는 것이 무엇인가 알아내서 전시회에서 채워주고 긁어주고 알려주어 알찬 전시회가 될 수 있도록 하는 데 상당히 중요한 재료가 되었다.

이렇듯 전시회 기획은 잘 굴러갔지만 어려움에 봉착한 부분은 자금이었다. 가진 것이라곤 2,000만 원짜리 신혼 전셋집이 전부였다. 일단 전세금을 날린다는 각오로 대출을 받았다. 직원 2명을 뽑고, 보증금 500만 원짜리 사무실을 하나 얻었다. 문제는 직원 월급이었다. 직원들의 월급을 조달하기 위해 김민수는 낮에는 회사에서 일하고, 밤에는 학생들을 가르치는 투잡 생활을 했다. 몸은 말로 표현할 수 없을 정도로 피곤했지만 자신의 꿈을 이룰 수 있다는 생각에서 버텨냈다. 무엇보다 아내의 내조가 컸다. 신혼임에도 불구하고 돈 한푼 가져다 주지 못하는 남편을 원망하기는 커녕 물심양면으로 도우며 함께 뛰었다. 김민수의 아내는 학원을 운영해서 나오는 돈으로 생활비를 하고, 심지어 직원들의 점심까지 챙겼다.

"월급도 많이 못 주는데 식사라도 좀 제대로 하도록 해야죠."

김민수 부부는 2년간 꼬박 투잡 생활과 직원들의 점심도시락 싸기를 게을리 하지 않았다.

세 번 이상 두드리고 만나기

처음 영업을 하면서 겪은 가장 난코스는 업체 설득이었다. 처음으로 여는 전시회이다 보니 참가대상 업체들에게는 전시회 자체가 생소했다. 그래서 참가업체들에게 전시회가 무엇인지부터 설명해야 했다. 전시회를 통해 회사와 제품을 소비자들에게 알리고, 현장 영업도 가능하다는 것을 설명하면 대부분 관심을 보였다.

그런데 전시회 출품을 선뜻 결정하지 못하는 업체들이 많았다. 속내는 따로 있었다. 당시만 해도 웨딩업계는 공정한 가격이 정해져 있지 않았고, '귀에 걸면 귀거리, 코에 걸면 코거리' 식의 가격을 부르기 일쑤였다. 전시회에 나가면 가격이 오픈될 게 뻔하니 망설이지 않을 수 없었던 것이다. 그랬기에 '친구 만들기'의 귀재인 김민수로서도 그들을 설득해 전시회에 끌어들이기가 만만찮았다.

"침이 마르게 상담해 승낙을 받았는데, 다음날 되면 마음이 바뀌는 거예요. 그래서 가위바위보 승부도 삼세판이라고 한 업체당 세 번 방문한다는 원칙을 정했습니다.”

어려운 사람일수록 많이 만나야 마음의 문이 열리고, 흔들리는 마음도 한마디 더 건네면 바로 잡을 수 있는 법, 우선 자꾸 가서 부딪치고 친근감 있게 접촉하며 친분을 쌓기로 했다. 특히 변심을 잘하는 업체는 전시회 나오기 전까지 최소 세 번 이상 직접 가서 만난다는 원칙을 지켰다. 보통 1차 참가 여부가 결정되면 서류나 전화로 처리하지 세 번씩이나 직접 방문한다는 것은 말이 쉽지 행동으로 옮기기란 연초마다 결심하는 금주나 금연만큼이나 어려운 일이다.

〈WEEDDEX〉를 성공으로 이끈 열쇠 중 하나는, 세 번 이상의 방문을 통해 전시회에 대해 설명과 설득하기를 반복하면서 자연스럽게 신뢰를 쌓은 일이었다.

첫 전시회 ‘수익 제로화’ 전략

영업원칙 외에도 김민수의 자금운영 원칙은 과감했다. 첫 전시회는 아예 수익을 잡지 않았다. 들어오는 출품료 수익금과 갖고 있는 돈을 합쳐 모두 홍보비로 써버렸다. 그 결과 관람객을 많이 끌어들일 수 있었다. 100부스 남짓한 작은 전시장에 관람객 2만 명이 넘었다. 무엇보다 첫 회부터 실수요자들이 많아 전시회가 빠르게 성장할 수 있는 원동력이 되었다.

첫 전시회에는 업계에서 내로라하는 업체들이 많이 참가하지 않았지만 전시회가 성공을 거두자 다음 회에는 이들이 자진해서 나오는 등 해를 거듭할수록 전시회 위상과 규모도 매년 두 배씩 커졌다. 이제는 우리나라 10

대 전시회란 유명세를 등에 업고 기존 참여업체 80%가 꾸준히 참가하고 있다. 그리고 전시회 공력이 10년차가 넘어가자 그동안 업체 교육을 탄탄히 해온 결과 오히려 참가업체가 주최자보다 한술 더 뜰 정도의 수준에 올라 있다. 그리고 전화 한 번이면 일사천리로 해결되고 있다.

김민수는 기본적인 마케팅과 홍보계획을 세우는 작업에 자신이 있는 것이 K사 시절의 경험과 스터디 덕이라고 생각한다. 단지 〈WEEDDEX〉가 산업 전시회가 아니라 일반 대중을 대상으로 하는 퍼블릭 전시회이기 때문에 기존 카테고리에서 벗어나는 부분도 있지만 홍보를 좀더 광범위하게 하면 해결할 수 있어 그다지 큰 문제는 아니었다.

그에게 가장 큰 걸림돌은 아무래도 장치 분야 등 협력업체와의 관계였다. 참여업체 관리뿐 아니라 장치 부분 등에서도 문제가 생기지 않도록 미리미리 모두 체크해야 하는 중요한 분야다. 주최사에게 장치공사는 전시장의 기본 레이아웃을 멋지고 효율적으로 꾸며줄 뿐만 아니라 안전사고와 직결되는 분야여서 능력 있는 거래업체 선정이 관건이었다.

그러나 거래업체들은 서울전람이라는 신생업체, 어떻게 될지 아무도 모르는 첫 전시회, 그리고 새파랗게 젊은 사장을 못미더워했다. 선뜻 공사를 맡아주겠다는 업체를 만나기가 쉽지 않았다.

다행히 K사 시절 거래했던 회사와 접촉해서 장치공사를 맡길 수 있었다. 첫 전시회 '수익 제로화' 전략에 따라 모든 자금을 홍보비에 전부 투자했지만 그래도 장치공사비는 남겨두었다. 그런데 문제가 터졌다. 남겨둔 액수보다 업체에서 요구한 액수가 더 컸던 것이다. 어쩔 수 없이 빚을 내서 결제를 해줄 수밖에 없었다. 지금은 추억이 되었지만 당시에는 큰 곤욕을 치른 사건이었다.

아쉬움으로 얼룩진 수첩

첫 전시회가 끝나자 업체 관계자들은 함박웃음을 감추지 못했다.

"사실 시험 삼아 출품했는데 이렇게 잘될 줄 몰랐어요."

"전시회 만들어줘서 정말 고맙습니다."

김민수 대표는 자신의 손을 부여잡고 기쁨을 감추지 못하는 업체 관계자들의 모습을 보며 가슴이 뿌듯해졌다. 비록 규모는 작았지만 첫 전시회부터 웨딩 관련 아이템이 구색 맞춰 모두 나올 수 있도록 신경을 썼다. 드레스부터 신혼여행, 가구, 신혼가전, 사진스튜디오를 비롯해 부수적으로 출장뷔페, 청첩장, 보석, 한복 등도 끌어들여 한쪽 아이템에만 치우치지 않도록 노력했다.

나름대로 최선을 다한 첫 전시회, 그러나 기쁨도 잠시 김민수에게는 아쉬움이 더욱 크게 자리잡았다.

"참 부족한 게 많았습니다. 제가 하고 싶었던 것들을 다 못 만들었으니까요."

당초 첫 회 목표가 150부스였는데 100부스밖에 채우지 못했고, '웨딩 드레스쇼' 등 볼거리를 제공하고 싶었으나 못해냈다는 자책감으로 가슴이 무거웠다. 김민수 대표는 첫 전시회의 현장이 철거되는 모습을 바라보며 늘 지니고 다니는 수첩을 폈다.

그의 수첩에는 전시회를 준비하며 느낀 점과 문제점, 그리고 전시장을 돌며 업체들이 좀더 호응을 해줬으면 하고 바라는 내용이 빼곡히 적혀 있었다. 수첩의 메모는 다음 해에 하나둘 적용해 나갔다. 웨딩드레스와 한복

쇼도 마련했다. 품목도 늘려 요즘은 금융상품, 부동산 정보 등까지 포함된 20개 분야의 관련 품목이 전시되고 있다. 결국 해를 거듭하며 하고 싶었던 것 모두를 전시장에 올려놓은 것이었다.

첫 전시회에 아쉬움이 많이 남았던 게 오히려 〈WEEDDEX〉를 성장시키는 밑거름으로 작용한 셈이 되었다.

카피 전시회 전화위복 사건

'될성부른 나무는 떡잎부터 알아본다'고 첫 전시회가 중요하다. 초기에 어느 정도의 성공을 거두지 못하면 계속 지속하기 힘들다는 것이 전시업계의 통념이다. 〈WEEDDEX〉는 떡잎부터 썩 괜찮았다. 100부스도 채 안 되는 규모로 시작해 3년 만인 1995년에 400부스가 되었고 1996년을 기점으로 규모가 커지면서 빚도 탕감하고 수익도 나기 시작했다.

참가업체들이 전시회 마지막 날 바로 다음해 계약을 할 정도였다. 1997년 말에 시작된 외환위기 전까지만 해도 참가업체들은 상반기에 하반기 매출까지 다 올릴 정도로 대성황이었다. 전시회에서 소비자와 직접 만나 이루어진 계약으로 1년 장사를 앉아서 다하는 셈이었다. 1996년부터 연 2회로 커졌음에도, 또 외환위기에도 다른 전시회에 비해 타격이 적었다. 수요자들은 결혼 시기를 늦추거나, 예전에는 쉽게 결정하던 것에서 좀더 가격을 세밀히 따지고 규모를 줄이는 상황이었다. 오히려 호화 혼수를 하던 계층까지 〈WEEDDEX〉로 몰리게 된 계기가 되기도 했다.

시장 생리가 그렇듯이 한 전시회가 성공하면 유사 전시회가 생겨나게 마련이다. 〈WEEDDEX〉가 성공을 거두자 예외없이 이를 본딴 카피 전시회가 생겨났다. 그래도 김민수는 '우리가 좀더 잘하면 된다'는 자신감으로 흔들리지 않았다. 그런데 1995년경 K신문의 웨딩전 선포는 경우가 달랐다. 상대는 언론사인데다 전시장마저 코엑스로 같으니 긴장하지 않을 수 없었다. 게다가 K신문은 전시장 배정도 받지 않은 채 무턱대고 업체들과 계약부터 한 것이었다.

자칫하면 사기죄로 소송까지 갈 수 있는 상황에서 신문사의 위신을 살려주기 위해 코엑스에서 중재에 나섰다. 상황이 어쩔 수 없으니 K신문에서 계획대로 개최하고 다음해부터는 서울전람이 상반기, K신문이 하반기 전시를 하기로 정리를 했다. 그런데 K신문은 어떤 연유에서인지 1995년 한 번으로 전시를 접었다. 아마도 뚜껑을 열어보니 서울전람의 〈WEED-DEX〉를 따라잡을 수 없다는 판단이 선 모양이었다.

웨덱스 최고의 위기상황이 될 뻔한 이 사건을 계기로 서울전람은 전시회 이미지를 높이기 위해 더욱 노력했다. 그 결과 K신문과의 싸움에서 부전승을 이끌어냈고, 〈WEEDDEX〉를 자연스레 연 2회 열어 규모를 키우는 전화위복의 기회가 되었다.

〈WEEDDEX〉 카피 전시회는 많게는 7개에 달하기도 했는데 지금도 6개 정도가 열리고 있다. 관람객들은 거의 다 같은 전시이겠거니 하고 가보고는 너무 볼품이 없어 실망하고 결국 서울전람의 〈WEEDDEX〉를 보고 나서야 이렇게 큰 전시회가 있다는 걸 몰랐다는 반응이다. 심지어 해외 바이어들이 다른 전시회 홍보를 듣고는 당연히 서울전람의 〈WEEDDEX〉라고 생각하고 방문하는, 웃지못할 에피소드도 왕왕 일어나고 있다.

건강한 결혼문화의 새바람

웨딩 전시회의 가장 큰 장점은 아이템이 종합적이라는 것, 즉 웨딩 전시회에 응용할 수 있는 아이템들이 많다는 것이다. 또 매회 똑같은 컨셉이라도 관람객 입장에서는 새롭게 받아들일 수밖에 없다. 매회 관람객이 달라진다는 뜻이다. 즉, 그 해에 결혼하는 사람들이 한 번하지 두 번하지 않기 때문에 굳이 매년 전시회 구성을 바꿀 필요가 없다는 것이 큰 장점이다.

반면 단점은 전시회의 지속 성장을 위한 절대요건인 대대적인 홍보를 위해 홍보비가 많이 들어간다는 점이다. 예를 들어 산업 전시회는 홍보를 많이 할 필요가 없다. 홍보를 조금만 해도 그 업계 사람들은 다 알기 때문에 초청장만 받고도 온다. 그러나 〈WEEDDEX〉는 매회 새로운 관람객, 그 해에 결혼할 사람들을 대상으로 광범위하게 홍보해야 한다.

"아마도 〈WEEDDEX〉 홍보비가 우리나라 전시회 중에 톱을 달릴 겁니다. 한 회 개최 홍보비에 전체 비용의 40% 정도를 투자하고 있습니다."

홍보 방법 면에서도 〈WEEDDEX〉는 앞서나갔다. TV광고도 처음 시도했다. 그 밖에 라디오, 신문, 잡지, 지하철, 육교, 인터넷 등 다각적인 홍보에 주력하고 있다. 그리고 첫 회에는 못한 이벤트도 점점 다양화해 웨딩드레스와 한복쇼는 물론 경품추첨 등 전시장 내에 특별무대 행사를 만들어 볼거리와 관람객을 위한 보너스 행사를 제공하고 있다.

〈WEEDDEX〉의 홍보가 거품이 되지 않기 위해서는 전시회 질을 높이는 작업이 우선되어야 하기 때문에 서울전람은 업체 선정에 신중을 기한다. 아예 계약서 양식에 아이템 기재 항목을 만들었다. 일일이 업체를 방

문하는 이유도 아이템을 눈으로 직접 확인해야 하기 때문이다. 특히 처음
참가하는 회사들은 반드시 방문해서 규정을 설명해 주고 적당한 아이템인
지 평가한 뒤 결정한 품목 외에는 전시할 수 없다고 계약서상에 기록하도
록 하고 있다.

　업체관리는 전시회 당일까지 아이템 체크에 눈을 뗄 수 없을 만큼 중요
한 사안이다. 간혹 계약을 위반하고 전시당일 물을 흐려놓으면 그 자리에
서 과감히 내쫓아야 하는 것도 주최사의 역할이다. 마치 무대 위의 스타들
처럼 전시회도 겉으로 보기에는 화려해 보이지만 절대 그렇지 않다고 김
민수 대표는 밝힌다. 1994년만 해도 전시장에서 주먹질하고 책상에 올라
가서 싸우는 일도 비일비재했다. 경쟁관계이다 보니 업체들 간에 시비도
있고, 매출 성과가 안 좋다고 주최자측에 분풀이를 하는 업체 관계자도 있
었다. 이렇듯 어두운 이면도 겪어야 했지만 〈WEEDDEX〉 주최자로서 큰
보람도 얻었다.

　"과거 웨딩업계 거래는 다 숨어서 이루어지는 분위기였어요. 전시회를
통해 공정가가 오픈되면서 불공정행위가 사라지게 됐습니다. 업체나 관람
객 모두에게 건강한 결혼문화라는 새바람을 불러일으킨 것이 가장 뿌듯합
니다."

중국에 우리의 웨딩 문화를

모든 결혼상품들이 한자리에 모인 〈세계웨딩전시회〉의 원조는 바로
〈WEEDDEX〉라고 해도 과언이 아니다. 규모 또한 아시아에서 제일이었

으나 2005년 중국이 살짝 앞질렀다.

웨딩아이템 중 특히 우리나라 웨딩드레스 수준은 상당히 발전해 있다. 수공이 많이 들어가 섬세하고 디자인도 좋기에 어느 나라에서든 선호한다. 〈WEEDDEX〉에도 외국 바이어들이 먼저 알고 꾸준히 찾아오고 있어 서울전람도 웨딩드레스 부문만 국한해 해외 바이어들을 유치하고 있다.

김민수 대표는 한국의 결혼상품전은 이미 포화 상태라고 판단한다. 전체적으로 결혼하는 쌍도 해가 거듭될수록 줄어가는 추세다. 그 대비책으로 우리나라와 문화가 비슷한 나라를 타깃으로 〈WEEDDEX〉의 해외진출을 계획하고 있다. 그에게 제일 매력 있는 나라는 바로 중국이다. 이미 그 가능성도 확인했다. 2005년 서울전람은 업체 서비스 차원에서 중국 상하이웨딩 전시회에 우리나라 웨딩드레스 업체를 데리고 나가 한국관을 만들었는데 매우 인기가 좋았다. 촌스러운 중국제품과는 비교가 안 되니 중국 언론에서도 화제가 되어 30분이나 방송전파를 탈 정도였다.

"중국 사람들은 죽을 때, 결혼할 때, 생일날 이렇게 세 번을 쓰기 위해 돈을 번다고 합니다. 웨딩드레스뿐 아니라 수출용 웨딩아이템들을 다 모아서 규모 있는 〈WEEDDEX〉를 만들어 상하이를 시작으로 중국에 세 개 정도 정착시켜 놓고 싶습니다."

현재 상하이에 전시장을 물색하고 있어 조만간 서울전람 주최 〈제1회 상하이웨덱스〉가 열릴 수 있을 것으로 기대를 모으고 있다. 이렇게 되면 수출 아이템 위주의 우리 전시회 해외진출 2호가 된다. 민간 전시업체 첫 주자인 코엑스의 〈아멕스차이나〉(공장자동화기계전)에 이어 서울전람의 〈상하이웨덱스〉가 두 번째인 것이다.

30대 아이디어 키우는 믿을 만한 회사

현재 서울전람은 〈WEEDDEX〉와 〈웨딩엑스포〉 외에도 〈실버토피아 박람회〉(Sivertopia), 〈서울국제자동차생활전시회〉(Carlife Show), 〈서울국제수입우수농산물전시회〉(SIAF) 등을 주최하고 있다. 전시업계 어느 회사에 갖다놔도 인정받는 프로급 정예 요원 6명이 전시회를 진행하고 있다. 앞으로 서울전람 최종 목표는 직원마다 전시회 하나씩을 갖게 하는 것이다. 6명의 직원 모두가 서울전람의 주인이 되도록 하는 것이 김민수 대표의 꿈이다.

40대로 접어든 그는 더 이상 자신의 아이디어를 과신하지 않는다. 삼성을 비롯한 대기업에서 30대의 아이디어를 존중하듯 김민수 그도 제일 좋은 아이디어는 30대에게서 나온다고 믿는다. 아이디어 뱅크는 직원들에게 물려주고 자신은 매니지먼트에 주력하고 있다. 또 모든 직원이 매니저급이 되어 어떤 전시회를 갖다줘도 다 소화할 수 있게끔 만들어주는 작업에 힘쓰고 있다.

서울전람의 목표는 안으로는 1직원 1전시, 그리고 밖으로는 믿을 만하고 피해를 주지 않는 회사로 남는 것이다. 현재 협력업체들이 11개사 정도이나 그들에게서 사소한 불만이 한 가지도 나오지 않도록 노력하고 있다.

"전시업계에서 우리가 결재를 제일 잘해주는 회사로 인식되어 있을 것입니다. 협력업체와 우리는 공동운명체입니다. 협력업체가 없으면 전시 못한다는 생각으로 직원들을 교육하고 이미지 관리에 신경 쓰고 있습니다."

친화가 경쟁력이자 자산이다

한 전시회를 총괄하는 쇼 매니저는 내부적으로 매니지먼트도 잘해야 되고, 도면도 잘 만들어야 한다. 언제나 바쁘고 일 많고 다른 직업에 비해서 네다섯 배, 많게는 열 배 이상 많은 사람을 만나게 된다. 또 전시회마다 참가업체가 다르기 때문에 여러 분야에 종사하고 있는 사람들을 두루 접하다 보면 수박 겉핥기식이라도 지식을 넓힐 수 있는 장점도 있다. 그리고 무엇보다 새로운 전시회를 오픈하고 나면 내 손으로 이런 전시회를 만들었다는 이루 말로 표현할 수 없는 성취감이 생긴다.

이렇듯 매력 있는 일인데 직원 두 명을 뽑으면 꼭 한 명은 그만두었다. 김민수 대표는 한동안 직원관리 문제로 고민했다. 그렇게 나쁜 여건이라고 생각하지는 않는데 문제는 적성이었다.

"전시는 사람 만나는 일 자체를 좋아하는 활동적인 사람들에게 맞는 직업입니다. 대인관계가 가장 중요한 관건으로 이 점이 떨어지면 경쟁에서 집니다."

현재 전시업계도 경쟁이 치열하고 포화 상태에 있다. 열심히 일하려는 의욕이 없으면 버텨내기가 힘들다고 충고한다.

부친의 탁월한 선택으로 전시업계에 입문한 천생 전시인 김민수는 K사 재직 당시 제휴선이던 해외 선진 전시주최사인 Reed사의 선진시스템을 익힐 수 있어 시행착오를 줄일 수 있었고, 탁월하게 운영할 수 있다는 자신감이 있다.

30대 열정을 〈WEEDDEX〉에 바친 빛나는 쇼 매니저 김민수는 지금 제

2의 전시 인생을 만들어가고 있다. 〈WEEDDEX〉의 중국 진출을 눈앞에
두고 있는 주목받는 2세대 전시 경영인 서울전람 김민수 대표, 그의 40대
열정이 어떻게 펼쳐질지 즐거운 상상을 해본다.

'람보' 정신으로
세계 유일의 전시를 만들다

"당신이 왜 하느냐?"

유아교육 관련 전시회를 개최하기 위해 유아용 교재를 판매하는 회사를 찾은 세계전람의 조민제 대표. 그는 호주머니에서 손수건을 꺼내 긴장 때문에 흐르는 이마의 땀을 훔치며 자신이 내민 기획서를 읽고 있는 사장의 반응을 기다리고 있다.

긴장된 시간이 잠시 흐른 뒤 사장이 허리를 펴면서 입을 열었다.

"유아교육을 위한 전시회? 새로운 마케팅 수단으로 도움이 될 것 같긴 하군요."

사장의 긍정적인 반응에 조민제의 얼굴이 밝아졌다. 전시회 성공 전략의 핵심 과제는 업계 1위 업체를 참가시키는 것이라 배워왔다. 전시회를 기획하고 참가업체를 모집하기 위해 기획서를 들고 우선 이 업체로 달려왔는데, 긍정적인 반응을 보인 것이다.

"많은 부모들이 자녀교육에 관심을 갖고 있지만 업체와 부모들을 직접 만나게 해주는 이런 전시회는 없었습니다. 참가하시면 많은 도움이 될 것입니다."

"사실 우리도 이런 자리를 원하고 있었소. 우리가 나서기 어려워 실행에 옮기지는 못했지만. 그러긴 한데…"

사장이 말끝을 흐리자 조민제는 바짝 긴장했다. 업체들에 필요하고 유익하다고 하면서도 무슨 문제가 있단 말인가?

"그런데 전문가도 아닌 조 사장이 왜 이런 전시회를 하려 하시오?"

"전문가가 아니라뇨? 전 코엑스에서 6년이나 근무했고, 한국전람에서 직접 전시회를 주최해 보기도 했습니다."

"전시의 전문가란 건 나도 인정합니다. 그런데 유아교육 전문가는 아니잖습니까?"

사실 조민제는 부산대 기계공학과를 졸업한 공학도 출신이다. 따라서 유아교육과는 아무리 얽어매도 관련이 없긴 했다.

"그게 전시회와 무슨 상관이 있습니까? 문제가 없다고 봅니다."

조민제의 반문에 사장은 안쓰럽다는 표정을 지었다.

"제 말 뜻을 잘 알아듣지 못하는 모양이군요. 설령 나는 이해를 한다 해도 다른 사람들은 의문을 가지지 않을 수 없을 겁니다. 유아교육 전문가도 아닌 사람이 유아교육 관련 전시회를 한다면 쉽게 신뢰감을 갖기는 어려울 겁니다. 게다가 이제 갓 설립한 회사에서 하겠다면 더더욱 그렇겠죠."

조민제는 허탈감에 빠졌다. 그 분야 전문가만 그 분야 전시회를 하란 법이 어디 있단 말인가. 경연전람의 김영수 대표는 경영학을 전공했지만 조선기자재전인 〈Kormarine〉을 훌륭하게 키워냈고, 정치외교학을 전공한 한국전람의 이홍규 대표는 각종 산업설비전을 런칭해 키워내고 있었고, 더구나 이홍규 대표는 해외유학 전시회도 주최하고 있었다.

"다른 업체들이 참가하겠다고 하면 나도 검토해 보겠소."

사장의 말이 비수가 되어 조민제의 가슴을 도려냈다. 교육 분야의 사람들이 보수적이란 말을 듣긴 했지만 조민제로서는 이 정도의 반응일 것이라고는 전혀 예상치 못했다. 조민제는 허탈감으로 후들거리는 다리를 이끌고 겨우 그 회사에서 나왔다.

며칠 뒤, 조민제는 인천에 있는 완구업체 사장실 앞에 앉아 초초하게 사장의 면담을 기다리고 있었다. 전화로 전시회의 필요성과 취지를 설명했더니 사장이 한번 방문해 보라는 것이었다. 조민제는 이미 승낙을 받은 것과 진배없다는 성취감을 가득 안고 한걸음에 달려왔다.

사장의 여비서가 전시회 관계로 면담 약속이 된 손님이 찾아왔다는 것을 알리러 사장실로 들어갔다. 그런데 사장실 문틈으로 들려오는 사장의 목소리는 그의 희망을 산산이 부수는 것이었다.

"지금 중요한 손님이 와 있으니 다음에 오라고 해."

분명 여비서로부터 사장실에는 손님이 없다는 사실을 확인한 터였다. 그렇다면 사장의 말은 만나지 않겠다는 것이다. 이게 어찌된 일인가? 전화로 통화할 때에는 분명 긍정적인 반응을 보이며 방문하라고 했는데, 막상 돈이 들어가는 일이라는 것을 나중에 알고는 마음이 변한 게 분명했다.

조민제는 미안해하는 표정을 짓는 여비서를 뒤로 하고 그 회사에서 나왔다. 비가 부슬부슬 내리고 있는 거리를 터덜터덜 걸어 주차장으로 갔다. 내리는 비 때문에 그날따라 교통체증이 심해 평소보다 두 배의 시간이 걸려 서울에서 인천까지 달려왔고, 회사의 위치를 잘 몰라 공중전화 박스 앞에 차를 세우고 두세 번이나 위치를 물어 겨우겨우 찾아왔는데, 사장의 얼굴도 못보고 돌아서야 하다니.

자신도 모르게 흘러내리는 눈물과 안경을 적시는 비로 시야가 흐려졌다. 희망에 부풀었던 전시회가 흐린 시야 속으로 사라지는 것만 같았다. 이대로 차를 몰아 인천 앞바다에 뛰어들고 싶은 심정이었다.

한국전람에서 〈국제 주조 · 단조 및 열처리산업전〉의 첫 전시회를 맡아서 주최하며, 또 선배들의 경험담을 통해 첫 전시회 주최가 녹녹지 않다는 것은 알고 있었다. 그러나 유아교육은 부모라면 누구나 관심을 가질 수 있는 분야였기에 호응이 금방 나타날 것이라고 생각했다.

"출품료는 끝나고 나서 주겠소"

그로부터 며칠 뒤, 조민제는 국내 굴지의 출판사인 현암사를 찾았다. 현암사는 소설류에서부터 각종 단행본을 출판하고 있었고, 유아용 서적 출판사로도 이름이 높았다. 그래서 전시회 참가를 권유하기 위해 방문한 것이었다.

조민제는 가는 곳마다 문전박대를 당하면서 포기하고픈 유혹에 시달리기도 했다. 하지만 그럴 때마다 자신의 모든 것을 건 이 전시회를 결코 포기할 수 없다고 마음을 다잡았다.

'한 개 업체를 유치하려면 100개 업체를 만나야 하고, 100개 업체를 유치하려면 1,000개 업체를 방문해야 한다.'

그가 전시업에 뛰어들기로 했을 때 선배가 들려준 조언을 나침반 삼아 다시 업체 방문을 시작했다. 마음을 다잡고 출판사 쪽을 공략하기 위해 현암사를 우선 방문한 것이다.

기획서를 읽고 난 현암사의 사장이 무어라 말을 하기 전에 조민제가 먼저 입을 열었다. 이미 기획서를 통해 사장이 다 파악한 내용이었지만 조민제는 다그치듯 말을 쏟아냈다.

"코엑스에 근무하면서 전시업을 어깨너머로 배웠고, 이름 있는 전시주최사에서 실제로 전시회를 기획하여 주최해 본 경험도 있습니다. 그때의 경험을 살려 회사를 설립하고 첫 전시회를 준비하고 있습니다. 그 누구보다 잘할 자신이 있으니 저를 믿고 신청해 주십시오."

사장의 입가에 엷은 미소가 어렸다.

"전시회 의도가 좋으시네요. 그리고 조 사장님의 의지도 대단하시구요. 그래서 일단 참가하기로 결심했습니다. 단, 출품료는 전시회가 끝나면 지불하겠습니다. 조 사장님의 의지를 모르는 바는 아니지만 일이라는 것은 의지만 갖고 되는 것이 아니고, 또 신생회사여서 그런 것이니 이해하시기 바랍니다."

"감사합니다. 정말 감사합니다."

조민제는 세상의 모든 것을 다 얻은 것만 같은 승리감을 맛보았다. 참가업체를 모집하기 위해 한 달여를 뛰어다닌 끝에 첫 참가 신청을 받은 것이다.

조민제는 그렇게 현암사로부터 부스 하나를 신청받아 희망의 싹을 틔

울 수 있었다. 현암사가 불씨가 되어 하나둘씩 업체를 모집해 첫 전시회를
열 수 있었다.

성공적인 첫걸음

1994년 12월에 코엑스에서 열린 〈서울국제유아교육전〉의 첫 전시회는
120부스의 소규모였지만 성황을 이뤘다. 새로운 전시회가 생겼다는 사실
하나만으로도 이슈가 되었기 때문에 부르지 않아도 언론사에서 달려와 취
재를 하고 앞다투어 보도해 주었다. 조민제 대표가 발로 뛴 덕분에 문화부
장관과 국회의원이 참석해 테이프 커팅까지 해주었다.

관람객도 예상보다 훨씬 많았다. 나흘 동안의 전시회에 5만여 명의 관
람객이 찾았다. 부모들이 아이를 데리고 찾은 경우가 많아 10만 명이 다녀
갔다고 볼 수 있었다. 120부스의 전시회에 10만 명의 관람객이라면 그야
말로 '발 디딜 틈이 없을 정도'란 표현이 지나치지 않았다.

'내 아이 교육에 어떤 좋은 것이 있을까?' 하는 관심도 있었지만, '남들
은 어떻게 하고 있나?' 하는 궁금증에 관람객들이 몰려온 것이다.

전시회를 마치자 조민제 대표는 해냈다는 안도감과 허탈감을 동시에
맛보았다. 그러나 적자였다. 300부스는 되어야 손익분기점을 넘어설 수
있는데, 120부스는 적자를 안을 수밖에 없었다. 그러나 첫술에 배부를 순
없었다.

주위의 평가도 호의적이었다. '형편없는 회사의 볼품없는 사람이 전시
회한다고 돌아다니기에 반신반의해 끝나고 나서 참가비 준다고 했는데,

해냈군' 하며 믿음을 보냈을 때 짜릿한 성취감을 맛보기도 했다.

첫 전시회의 반응이 좋자 첫해 한 부스만 신청했던 회사가 다음에는 두 부스를 신청하고, 신청하지 않았던 회사도 와서 구경한 뒤 신청을 하기 시작했다. 해를 거듭할수록 참가업체가 많아졌고, 부스도 늘어났다. 그리하여 세 번째 전시회부터는 손익분기점을 넘어설 수 있었다.

〈서울국제유아교육전〉은 유아교육 분야의 대표적인 전시회로 자리잡았다. 조민제가 1993년 12월에 세계전람을 설립하고 개발한 첫 작품이기도 하고, 대표 전시회이며, 현재의 유일한 전시회이기도 하다.

그렇다고 〈서울국제유아교육전〉이 규모가 크거나 많은 수익을 남기는 전시회는 아니다. 봄 전시회와 가을 전시회를 합쳐 1,000부스 규모인데, 1만 부스가 넘는 해외 유명 전시회에 비하면 보잘것없는 수준이다.

그러나 조민제는 세계전람이 현재 주최하고 있는 유일한 전시회인 〈서울국제유아교육전〉을 유아교육 분야의 많은 전시회 중 으뜸으로 키워냈다는 자부심을 갖고 있다. 뿐만 아니라 겁 없는 도전의 성과물이라는 점에서도 남다른 애착을 갖고 있다.

코엑스 출신 1호 '람보' 오거나이저

조민제는 코엑스 출신 제1호 전시전문 오거나이저란 타이틀을 달고 다닌다. 조민제가 전시업과 인연을 맺은 것은 1987년 코엑스에 입사하면서부터다. 하지만 조민제가 코엑스에서 직접 전시업무를 담당했던 것은 아니다. 그러나 '서당 개 삼 년이면 풍월을 읊는다' 고 했듯이 6년 동안 홍보업무를 담당하면서 어깨너머로 전시업무가 무엇인지 알게 되었다.

그러다가 코엑스를 그만두고 한국전람에 입사해 본격적으로 전시업무를 익혔다. 자신의 전시주최사를 갖고 싶다는, '나만의 유일한 전시회'를 만들고 싶다는 꿈을 안고서… 이때 그가 기획해 추진한 전시회가 바로 〈국제 주조 · 단조 및 열처리산업전〉이다. 그의 본격 데뷔작이었다.

그렇게 1년 동안 한국전람에서 전시업무 전반을 경험한 조민제는 또다시 인생의 모험과 도전에 나선다. 코엑스 근무 당시 '내가 하면 더 잘하겠다'고 생각해 본 적은 없었지만 '람보처럼 일해 보겠다'는 각오로 세계전람을 설립한 것이다. 자신의 손으로 전시회를 만들고 세계적인 전시회로 키워보고 싶었다.

"다른 사람들이 보기에는 갈비집에서 잠깐 일해본 아르바이트생이 갈비집을 개업하겠다는 것과 다름없는 무모한 도전일 수도 있었을 겁니다."

조민제가 세계전람을 설립하고 전시업에 뛰어든 것은 부산대 기계공학과를 졸업한 후 현대중공업에서 근무하다 코엑스에 입사한 것이나, 코엑스를 그만두고 한국전람에 입사한 것보다 더 큰 모험이자 도전이었다.

인류 역사 자체가 도전의 역사이기도 하다. 도전의 의미가 클수록 성공한 뒤에는 더 큰 감동을 남기고 영향력도 커지는 법이다. 2002년 우리나라가 월드컵 4강이라는 꿈을 달성하면서 온 국민에게 자부심과 할 수 있다는 자신감을 심어주었다. 20세기 가장 위대한 인간 도전의 승리 중 하나인 인류의 달 정복 역시 도전의 위대함을 일깨워 준 사건이었다.

도전은 목표가 클수록 성공이 어렵지만, 반대로 큰 도전에 성공할수록 개인의 성장과 다른 사람에게 미치는 효과 역시 커지게 마련이다. 역사상 어렵고 힘든 도전에 성공한 사람들은 무수히 많지만 그들은 하나의 공통점을 가지고 있다.

도전에 성공하기 위해서는 무엇보다도 '무엇을 위해 그 도전에 성공해야만 하는가?'라는 사명감이 분명해야 하고, 일단 방향성과 목표가 정해지면 어떠한 상황에서도 최선의 노력을 다할 수 있는 열정이 필요하며, 할 수 있다는 자신감을 가져야 한다. 이러한 도전정신을 갖고 있었기에 조민제 대표의 오늘이 가능했다.

세계 유일의 전시회를 만들자

자신의 전시회를 꿈꾸며 창업을 결심한 조민제는 전시회 구상에 몰두한다. '세계에서 유일한 전시회를 만들자'는 비전을 앞세우고자 회사 이름도 세계전람으로 지었다. 전시회 경험도 일천하고, 자금이 없어 겨우 작은 사무실에 여직원 한 명으로 시작한 조민제로서는 그런 비전이 너무 거창하다고 할 수밖에 없었다.

어려움이 많을 것이라는 것은 손바닥을 들여다보듯 명약관화했다. 그러나 '꿈은 크고 원대하라'는 말을 신봉하는 조민제는 '무소의 뿔처럼' 당당하게 자신의 목표를 향해 모든 것을 던지기로 했다.

세계에서 유일한 자신의 전시회를 찾기 위해 그는 발로 뛰었다. 국내에서 열리는 많은 전시회를 둘러보며 장단점을 분석했다. 이와 더불어 국내에 없는 전시 분야이면서 장차 전망이 밝은 분야가 어디인지를 연구했다.

국내로는 사례가 부족해 전세계 3,000개 전시회가 소개되어 있는 국제박람회 디렉터리 책자를 뒤적였다.

그렇게 수많은 국내외 전시 사례를 분석하고 검토하던 조민제의 뇌리에 한 가지 아이템이 반짝 떠올랐다.

'유아교육을 대상으로 하는 전시회는 어떨까?'

당시 조민제는 세 살배기와 다섯 살배기 아이를 둔 아버지였다. 그 나이의 아이를 둔 부모라면 유난히 자녀의 성장과 교육에 신경을 쓸 때다. 저 아이들이 훌륭하게 자라나 장차 이 나라에 필요한 인재가 되게 하려면 무엇을 어떻게 해주어야 할 것인가? 아이들을 키우며 평소 가졌던 고민을 다른 부모들도 마찬가지로 가지고 있을 것이라는 데 생각이 미쳤던 것이다.

그러나 정보가 부족하고, 그 장단점을 확신할 수 없어 망설이거나 남들에 휩쓸려 이것저것 시켜보는 경우가 많았다. 그러면서 객관적이고 검증 가능한 정보를 목말라 했다.

조민제는 다른 부모들도 자신과 다르지 않을 것이라고 보았다. 수요가 있는 곳에 공급이 있다고 했던가. 수요가 공급을 창출한다고 했다. 지금까지 많은 전시회가 전지주최자의 단순한 필요성에 의해 만들어진 것이 아니라 시장의 요구가 만든 것이라는 평범한 진리도 깨달을 수 있었다.

서둘러 국내외 시장조사를 해보니 국내에는 유아교육 관련 전시회가 없었다. 해외에는 있기는 했으나 대부분 완구전이고, 독일과 미국에 Did-cata쇼라 해서 유치원 교사들이 쓰는 교재와 도구 전시회가 있을 뿐이었다. 순수하게 유아교육을 대상으로 하는 종합적인 전시회는 없었다. 조민제는 무릎을 쳤다. 성공의 짜릿한 예감이 전신을 휘감았다.

조민제는 망설임없이 첫 작품으로 유아교육 관련 전시회를 개최하기로 마음먹었다. 그리하여 코엑스에 〈서울국제유아교육전〉 개최를 신청했다.

〈서울국제유아교육전〉은 조민제가 자신에게 관심이 많은 분야에서 전시회의 아이템을 찾으라는 평범한 진리를 실천에 옮긴 것이라 할 수 있었다. 주위의 수많은 사물들도 관심을 가지고 바라보아야만 그 가치를 발견할 수 있다. 그렇지 못하는 경우에는 그저 평범한, '나와는 별 상관없는' 것이기 일쑤다.

람보처럼 모든 것을 혼자 힘으로

유아교육에 필요한 완구, 도서, 교자재, 학습지, 미술, 음악 등 유아교육 전반을 망라한 종합 전시회 〈서울국제유아교육전〉을 기획한 조민제는 코엑스로부터 전시장 사용승인을 얻자 업체모집에 나섰다. 그리하여 그야말로 몸이 열 쪽 나도록 뛰어 120부스를 유치할 수 있었다.

참가업체 모집이 끝나자 조민제는 전시회 준비에 매달렸다. 하나의 전시회를 개최하려면 전시회 기획과 전시장 임대, 업체모집, 홍보, 전시장 디스플레이 등 많은 일이 수반되어야 한다. 그런데 조민제 대표는 첫 전시회를 준비하면서 모든 일을 혼자서 처리했다. 빈손으로 시작한 그로서는 인건비를 감당할 수 없었기 때문이다. 그야말로 람보처럼 일인이역, 아니 일인다역을 해내야 했다.

"하나의 전시회를 개최하려면 많은 인력이 필요합니다. 제가 코엑스에 근무할 때인 1988년에 코엑스가 오픈하면서 첫 전시로 100부스도 안 되는 컴퓨터그래픽 전시회를 열었습니다. 그때 신입사원을 뽑고 전시회 유경험자를 코트라에서 일부 데려와 준비를 했고, 전시회 개최 기간 동안에는 무전기를 든 현장 관리요원이 30명이나 동원될 정도였습니다.”

그런데도 조민제는 120부스 규모의 〈서울국제유아교육전〉의 첫 전시회를 혼자 힘으로 준비했고, 전시회 당일 현장관리 인력으로 아르바이트생 몇몇을 고용했을 뿐이다. 그러자니 입술이 터지고, 몸은 파김치가 되었다. 그야말로 악전고투였다.

심지어 전시회 참가 디렉터리를 만들 때는 제작비를 아끼기 위해 직접 참가업체 리스트를 타이핑해서 인쇄소에 넘기기도 했다. 하루 종일 업체를 모집하러 돌아다니다가 사무실에 들어와 퇴근도 못하고 파김치가 된 몸으로 타이핑을 했다. 편집회사에 넘기면 하루면 끝날 일을 독수리 타법이라 며칠 밤을 새워야 했다. 그런데 전시회 개최 보름을 남기고 입력해 둔 파일이 깨지는 바람에 작업을 다시 해야 하는 눈물겨운 일도 있었다.

브로슈어 디자인의 경우는 전문가에게 맡겨야 하는 일인데도 그것까지 스스로 디자인했다. 기념으로 보관하고 있는데, 지금 보면 얼마나 촌스러운지 낯이 뜨거울 정도라고 회상한다. 그런 브로슈어를 뿌리고 다녔으니 참 대단한 배짱이었던 것 같다고 조민제 대표는 당시를 떠올리며 미소를 지었다.

“하버드 경영대학에서도 가르쳐주지 않는 여러 가지 작전과 눈물을 다 동원해야 했습니다. 지금 그렇게 하라고 하면 과연 할 수 있을지 자신이 없습니다.”

세계적 유아용품업체 '하바' 유치

전시회가 성장·발전하기 위해서는 해외업체와 바이어 유치가 필수적이다. 글로벌화 되어가고 있는 경제시장에서 국내 바이어만 타깃으로 하는 국내업체만의 잔치가 되어서는 머지않아 한계에 봉착할 수 있다. 그리고 관람객에게 여러 가지 신제품을 많이 보여주어야 한다.

그런 측면에서 조민제는 전시회 개최를 결정하고 나서 해외업체 유치에 팔을 걷어붙였다. 지금은 30개 가까운 해외업체가 참가하고 있지만 초창기에는 국내잔치에 머물렀다.

조민제는 해외업체 유치를 위해 독일의 뉴런버그 완구쇼와 같은 유아교육 관련 전시회로 달려가 우리나라에서 〈서울국제유아교육전〉이 열리고 있음을 알렸다.

"한국은 세계적으로 교육률이 높고, 자녀에 대한 사교육비 지출이 많은 나라다. 당신들의 제품은 굉장히 좋은데 아직 한국시장에 알려져 있지 않다. 우리의 전시회가 좋은 기회가 될 것이다. 당신들이 한국시장에 진출하기 위해서는 제품을 수입할 수 있는 무역상이나 대리점을 찾아야 하는데, 직접 돌아다니면서 찾으려면 힘이 많이 들 것이다. 우리 전시회에 참가하면 제품을 보고 한국의 무역상들이 당신들의 제품을 취급해 보고 싶다고 틀림없이 나타날 것이다."

그렇게 설득을 하다가 만난 업체 중 가장 성공적인 사례가 '하바'다. 지금 국내에 많이 알려져 있지만 당시에는 전혀 알려지지 않은 브랜드였다. 어린이용 가구와 책걸상을 판매하는 브랜드인데 제품이 매우 예쁘고 앙증 맞아 국내시장에서 충분히 통할 수 있을 것으로 보였다.

조민제의 적극적인 홍보에 하바는 반신반의하며 시장조사 차원에서 〈서울국제유아교육전〉에 참가했다. 세계적인 브랜드이기 때문에 컨테이너로 제품을 싣고 올 정도의 부스 규모를 신청해야 했지만 〈서울국제유아교육전〉의 규모가 작고 인지도도 낮다고 판단했는지 1개 부스만 참가했다.

1990년대 중반, 당시 국내에는 유해성분이 없는 플라스틱으로 예쁘게 만든 어린이용 책걸상이 없었다. 하바의 무해 플라스틱 제품이 전시회를 통해 소개되자 반응이 매우 좋았다. 하바는 이 전시회를 통해 두 군데의 대리점 업주를 유치할 수 있었고, 3년 후부터는 10부스 이상으로 참가하고 있다. 윈윈이 이루어진 것이다.

하바의 이러한 성공이 알려지고, 조민제의 적극적인 홍보로 이제는 30개 가까운 해외업체가 전시회에 참가하고 있다.

해외홍보는 세계적인 전시회장에 가서 직접 브로슈어를 돌리며 홍보를 하기도 하지만 해외잡지에 광고를 내기도 했다. 그리고 이제는 무역자유화 시대가 되면서 웬만큼 마케팅 활동을 하는 회사들은 한국 내 네트워크를 통해 참가할 정도로 〈서울국제유아교육전〉의 브랜드 파워가 높아졌다.

골리앗과의 싸움에서 승리하다

세상 일이 다 그렇지만 전시산업에서도 성공적인 전시회가 등장하면 유사 전시회가 난립해 혼탁양상을 나타내게 마련이다. 〈서울국제유아교육전〉도 마찬가지였다.

그 중에서도 J일보와 3년 정도 경쟁한 일이 대표사례다. J일보 문화사업단에서 직원이 3명밖에 안 되는 개인회사가 주최하는 전시회가 자꾸 커지니까 금방 따라잡을 수 있을 것으로 판단했는지 유사 전시회를 만들어 개최했다. 〈서울국제유아교육전〉이 가을에 개최되고 J일보 전시회는 봄에 개최되어 직접 부딪히지는 않았지만 참가업체들로서는 혼란스러울 수밖에 없었다.

이러한 상황에서 회사 규모로는 게임이 안 되는 세계전람으로서는 뾰족한 대응책이 없었다. J일보 문화사업단은 자사 신문을 통해 기획기사를 지속적으로 내보내는 등 공세를 취해왔다. 이런 상황에서 세계전람이 구사할 수 있는 방법이란 전시회의 브랜드 파워를 키우고, 고객에 대한 서비스를 강화하는 것 외에 달리 없었다.

"관람객은 세계전람이라는 회사를 모르지만 〈서울국제유아교육전〉은 알고 있습니다. 세계전람이라는 주최사보다는 전시회 자체가 유명해져야만 관람객이 몰리게 마련입니다. 칸느영화제는 누구나 알고 있지만 주최회사가 누구인지는 대부분 모르잖습니까."

결국 3년간 경쟁을 했는데 〈서울국제유아교육전〉은 지속적으로 커져갔지만 J일보의 전시회는 답보 상태를 면치 못했다. 그러자 3년을 주최하다가 슬그머니 접는 것이었다. 다윗이 골리앗을 이긴 것이다. 모 방송사도 도전을 해왔는데 이 싸움에서도 이겼다.

"주최하는 회사가 큰 것이지 어차피 전시팀원은 우리나 그쪽이나 5명 정도밖에 안 됩니다. 결국 팀장급의 머리싸움이라 할 수 있지요. 그리고

언론사의 전시회는 자기 언론매체에만 광고를 할 수밖에 없는 반면, 민간
업체들은 모든 언론사에 광고가 가능하다는 장점이 있습니다. 뿐만 아니
라 신속한 의사결정 면에서도 유리한 조건을 지니고 있어 결코 불가능한
싸움은 아니라고 할 수 있죠.”

선택의 기로에서 꺼내든 카드 ‘한발 물러서기’

유사 전시회가 등장해 이전투구의 경쟁을 벌이는 것이 어려움을 주기
는 했지만 더 큰 위기상황은 1997년 말에 들이닥친 외환위기였다. 경
쟁 전시회의 등장은 어느 정도 예견된 것이기에 대응책을 마련할 방도
가 있었지만 갑자기 들이닥친 외환위기는 그 정체를 알 수 없는 무시무
시한 괴물(?)과도 같았다. 도무지 어떻게 대응해야 할지 막막한 상황이
었다.

외환위기로 어려움이 닥치자 기업들은 간접비용을 우선 줄였는데 그
중 홍보비용이 우선순위에 올랐다. 당연히 전시회 참가를 포기하거나, 규
모를 줄이는 기업이 늘어났다. 그런 상황이니 국내 대부분의 전시회가 반
토막, 심지어는 1/5로 참가 부스가 줄어드는 경우도 허다했다.

〈서울국제유아교육전〉도 예외가 아니었다. 전시회를 열기조차 어려운
지경이었다. 우리나라가 3년 만에 외환위기를 벗어났지만 당시로서는 언제
까지 위기상황이 지속될지 도무지 앞을 내다볼 수 없는 안개 상황이었다.

이런 상황에서 조민제는 단안을 내려야 했다. 5회까지 끌어온 전시회
를 중단할 것이냐? 소나기를 피하듯 몇 해 쉴 것이냐? 전시회를 한두 해

쉰 뒤에 다시 한다고 해도 다시 정상궤도를 되찾을 수 있으리란 보장도 없었다.

조민제로서는 전시업에 뛰어든 후 가장 힘든 결단의 기로에 섰다. 고심하던 조민제는 결정을 내렸다. 조민제가 꺼내든 카드는 정면돌파도 포기도 아닌 '한발 물러서기'였다.

"지금 생각하면 부끄럽기 짝이 없지만 2보 전진을 위한 1보 후퇴를 선택했습니다. 그동안 전시회의 색깔을 흐리거나 성장에 도움이 되지 않는 업체나 제품의 출품을 사양했는데 출품 부스가 반 토막 나는 상황에서는 어쩔 수가 없었습니다."

250부스 규모의 전시회를 하면서 100부스 정도를 엉뚱한 중소기업 제품으로 채웠다. 3000평이나 되는 전시장의 절반을 베니어판으로 막고, 남은 반의 250부스 공간도 제대로 못 채워 1/3을 엉뚱한 업체에 임대한 채 전시회를 강행한 것이다. 그럼에도 많은 적자를 떠안아야 했다.

그러면서 세계전람이 주최하던 다른 전시회는 접어야 했다. 부동산 관련 전시회였는데, 〈서울국제유아교육전〉보다 타격이 더 커서 도저히 회복 가능성이 없다고 보았기 때문이다. 대신 〈서울국제유아교육전〉에 올인한다는 계획이었다. 궁색한 선택과 집중의 전략이었던 셈이다.

〈서울국제유아교육전〉이 문제가 아니라 세계전람 자체가 문을 닫아야 할지도 모르는 상황이었다. 적자를 메우기 위해 여기저기서 돈을 빌려야 했고, 5명이었던 직원들이 하나둘 그만두면서 조민제 대표 혼자만 남았다. 창업 당시의 상황으로 돌아간 것이다.

그래도 〈서울국제유아교육전〉만큼은 포기할 수 없었던 것은 경제가 어렵지만 유아교육 분야는 수요가 있고, 경제가 회복되리라는 기대가 있

었기 때문이다. 그랬기에 초심으로 돌아가 배수의 진을 칠 수 있었던 것
이다.

다음이 궁금해지는 전시 만들어야

12년 전에 첫 전시회를 개최한 〈서울국제유아교육전〉은 120부스 규모로
시작해 이제는 1,000부스 규모로 성장했다. 그동안 유사 전시회의 도전을
뿌리치고, 또 외환위기를 극복하며 이뤄낸 성과다. 2005년부터는 업계의
요청으로 1년에 두 차례 전시회를 주최하고 있다.

〈서울국제유아교육전〉을 키워내기까지 조민제는 자신만의 전시철학을
갖고 이를 실천했다. 〈서울국제유아교육전〉의 포커스를 교육에 정확히 맞
추고 확실하게 '물 관리'를 한 것이다. 예를 들면 유치원 원복은 출품대상
에 들어가지만 해피아이, 아가방 드의 의류제품은 받지 않는다. 백화점이
나 길거리에서 흔히 보던 제품들이 있는 등 전시회의 포커스가 흐려지면
전시회 질이 떨어지는 것이므로 교육에 중점을 두고 전시품목을 관리하고
있다.

'내년에 또 와봐야지. 이 전시회를 안 보면 우리 애들이 다른 애들보다
뒤지지 않을까? 최소한 우리는 돈이 없어서 당장 구입하진 못해도 부유한
사람들은 무엇을 사서 교육시키는지 정도는 알고는 있어야겠다' 는 생각이
들게끔 해야 한다는 것이다.

성공적 전시회를 만들기 위해서는 아이템을 잘 찾는 것도 중요하지만
입체적인 전시회를 만들어야 한다. 비록 주최자가 손해를 보더라도 관람

객들에게 볼거리를 많이 만들어주는 매니지먼트를 해야 한다. 예를 들면, 전시참가 계약을 한 회사들 중에 놀이시설부터 유아도서, 음악교재, 악기 등 여러 가지가 있는데, 미술이 빠졌다 싶으면 관련 회사를 참가하도록 유도하는 적극적인 노력이 필요하다.

"초창기에는 그 회사를 찾아가 참가비를 받지 않을 테니 꼭 참가하라고 권유하기도 했습니다. 참가비를 받지 않은 만큼의 금전적 손해 이전에 이런 일이 소문나면 정당하게 참가한 다른 업체들에게 주최자가 사기꾼으로 비춰질 수도 있습니다. 그런 위험을 무릅쓰고라도 처음부터 질을 높이려고 노력했습니다. 물론 지금은 그런 일이 없지요."

〈서울국제유아교육전〉을 유아교육 분야 대표 전시회로 키워냈지만 조민제로서는 2% 부족하다는 생각을 떨쳐버릴 수가 없다. 전시회 하나로만 회사를 운영하는 것에 대한 아쉬움이라고나 할까.

사실 그동안 조민제가 〈서울국제유아교육전〉 하나에만 만족해 왔던 것은 아니다. 포트폴리오 측면에서 새로운 전시회를 개발해 개최하기도 했다. 부동산 관련 전시회를 개발해 성공 가능성을 엿보기도 했으나 외환위기 영향으로 접어야 했고, 개발했으나 아이디어를 뺏긴 경우도 있었다.

지금은 남들이 잘하고 있지만 시기가 좀 빨라 성공하지 못한 전시회도 있었다. 애견박람회, 미용박람회, 지방자치단체에서 하는 투자유치박람회 등이 그 사례다.

그래도 조민제는 지금도 새로운 전시회 개발에 힘을 기울이고 있다. 매년 개발비만 1억 원 가까이 투자하고 있지만 눈에 띄는 성과는 거두지 못하고 있다. 그러나 남이 하지 않는 전시회를 여는 것이 목표이기에 조급해 하지는 않는다. 대신 〈서울국제유아교육전〉을 더욱 발전시키는 것이 급선무다. 그는 회사 규모가 커져 자본이 축적된다면 어린이와 관련된 문화사업을 추진해 보고 싶은 꿈을 갖고 있다. 어린이용 애니메이션이나 어린이 박물관 등을 통해 어린이들에 꿈을 심어주고 싶다는 것이다.

외로운 **전시업계**의 **여전사**

여자라는 이유만으로

우리나라 전시산업의 메카라 불리는 코엑스는 전시인들의 꿈과 영광, 그리고 기쁨과 슬픔이 뒤섞인 현장이다. 신호커뮤니케이션즈의 안정숙 대표에게도 코엑스는 전시에 대한 열정을 쏟아 붓던 현장인 동시에 깊은 좌절과 실망을 안겨준 아픔의 현장이었다.

'새롭게 넓게 보고 나아가고' 싶은 마음에서 안정숙은 10년 전인 1996년에 회사를 설립하면서 이름도 신호(新湖)로 정했다. 10여 년간 관광업계에서 전시기획 전문인으로 역량을 다져왔기 때문에 나름대로 자신감을 갖고 독립을 선언한 것이었다. 그러나 전시업계는 호락호락 문을 열어주지 않았다.

우선 전시장 임대의 어려움으로 많은 갈등을 경험했다. 첫 번째 관문은 코엑스 입성이었다.

"신호란 이름을 걸고 처음 기획한 전시가 〈97한국해양스포츠전시회〉였는데, 유사 전시회가 코엑스에서 열리고 있어 거평프레야에서 전시회를 열어야 했습니다. 이어 기획한 두 번째, 세 번째 전시회 역시 이런저런 이유로 코엑스에 발을 들여놓지 못했고, 1998년에 연 네 번째 전시회에 이르러서야 어렵사리 코엑스에 발을 붙일 수 있었습니다."

어떤 전시회를 할 것인가가 결정되면 재빨리 전시장을 확보하는 것이 전시주최자들로서는 최고의 과제다. 어떤 사업이든 목 좋고 물 좋은 곳에서 판을 벌이고 봐야 한다는 세간의 이치처럼 우리나라 전시장의 대명사 코엑스를 전시장으로 확보하면 일단 반은 성공했다고 보는 게 전시업계의 공공연한 비밀이다.

그런데 코엑스의 단단한 빗장 하나를 열자 그 앞엔 더 오래 되고 높고 단단한 벽이 버티고 있었다. 바로 남성 위주의 전시산업계 문화라는 이름의 장벽이었다. 앞서 몸담았던 관광업계도 만만치 않기로 소문나 있었는데, 전시산업도 다르지 않았다. 그러나 안정숙은 돌아다니는 정보통신이라는 별명을 얻을 만큼 성실과 열정으로 종횡무진 누비고 다녔다.

하지만 능력 있는 여직원과 여성 CEO의 위치는 또 달랐다. 전시업계 문화가 남성위주라는 것은 예상했지만 막상 부딪쳐보니 여성 CEO로서의 어려움은 의외로 무겁게 다가왔다. 안정숙은 신호라는 전시주최사를 이끌고 있는 오너로 인식되기보다는 단지 여성이란 이유로 CEO들과 자연스럽게 어울리며 정보를 공유할 수 있는 자리에서 제외되었다. 전시업협동조합 감사를 맡은 안정숙은 총회가 끝나면 으레 이어지는 2차 회식 모임에 여성이라는 이유로 당연히 빠져줘야 했다.

"전시를 포기할 생각이 들 정도로 힘들었죠. 신호가 문을 열 즈음 유학을 하고 한국으로 돌아온 여성 몇 분이 전시회를 준비하고 있다는 소식에 반가웠는데, 외환위기 이후 모두들 그만뒀습니다. 그들은 너무 힘들고 실망했다는 말을 남기고 외국으로 돌아갔어요."

그러나 안정숙은 전시를 놓지 않았다. 안정숙에게 전시장은 내 집이 있는 우리 동네, 보고 싶은 친구들을 만날 수 있는 곳, 그냥 지나치지 못하는 어제의 소중한 추억과 오늘의 삶의 현장이었다. 사랑보다 더 진한 게 정이라고 이미 전시는 그녀에게 미운 정 고운 정이 다 들어버린 삶의 전부였다.

조카가 준 선물 직업교육 전시회

1996년 신호를 오픈하며 뭔가 행사를 빨리 해야겠다는 중압감에 시달렸다. 그래서 처음 기획한 것이 해양스포츠 전시회와 호주 전시를 벤치마킹한 〈케이터링 및 외식산업 전시회〉였다.

안정숙은 관광전시 실무를 담당하며 1989년 해외여행 자유화가 되자 아웃바운드 시장이 엄청나게 넓어져가는 것을 현장에서 몸과 눈으로 체험했다. 이처럼 우리나라도 주5일근무제가 본격화되면 사람들의 관심은 분명히 레포츠 쪽으로 가게 될 것이라는 생각으로 신호의 데뷔전을 해양스포츠에 맞췄다. 청정지역 남해에서 해양스포츠 캠프를 열고 제트 스키도 일본에서 들여왔다. 기획과 시작은 아주 좋았다. 그러나 추진하면 할수록 너무나 어려운 시장이라는 걸 깨달았고 우리의 현실과는 거리가 있는, 너무 앞서간 기획이었음을 인정할 수밖에 없었다. 게다가 코엑스에서 열리는 유사 전시회인 〈레저스포츠전시회〉 때문에 거평프레야에서 하다 보니 피해가 더욱 컸다.

이어 추진한 〈97 한국 케이터링 및 외식산업 박람회〉도 마찬가지였다. 지금은 코엑스에서 〈외식산업전〉이라는 이름으로 전시를 하고 있지만 10년 전 코엑스는 음식을 전시한다는 것 자체를 받아들이지 못했다.

1997년 6월과 7월, 연이어 두 개의 전시회를 열었지만 아쉬움만 남긴 채 막이 내렸다. 그런데 아이러니하게도 아쉬움은 새로운 기회의 끈이 되어주었다. 일간스포츠에 게재된 〈해양스포츠전시회〉 기사를 본 MBC프로덕션에서 전시회를 함께 하자고 제안해 온 것이다.

MBC측은 제안서를 요구했으나 때마침 중국 출장이 잡혀 제안서를 꾸미는 것은 무리였다. 그렇다면 아이템 구상이라도 해주길 원했다. 중국행 비행기 안에서 신호의 네 번째 전시회 구상에 빠져들었다.

새로운 아이템을 찾아내고 벤치마킹할 시간이 없었다. 안정숙은 자신이 관심을 두고 늘 생각하던 보따리를 풀어보기로 했다. 직업교육과 진로선택에 대해 관심이 많았던 안정숙은 전문직업과 직종 쪽으로 포커스를 맞춰 아이템을 만들어나갔다. 그러다 보니 애초 기획의도인 직업교육과는 좀 거리가 있는 성공한 사람들 위주로 방향이 잡혀갔다. MBC 팀과 의견을 나누면서 좀더 핵심을 찌르는 전시회 주제를 찾고자 노력했다. 안정숙은 처음으로 돌아가 생각을 다시 정리해 나갔다.

전공과는 무관한 일을 하고 있는 자신, 공고를 가고 싶었지만 대학은 가야 한다는 부모님의 강요로 적성에 맞지 않는 인문계로 고교를 갔던 조카

가 떠올랐다. 조카는 안타깝게도 학교에 적응하지 못하고 부모님과의 갈
등도 깊어져 가출을 했으나 다행히도 몇 년 후 고교과정 검정고시도 합격
한 건강한 청년으로 돌아왔다.

"나 자신과 조카를 보며 정말 적성에 맞는 교육과 직업이 얼마나 중요
한지 절감했습니다. 직업교육 전시회는 조카가 제게 준 선물이었죠."

결국 '진로와 직업은 본인 스스로 개발해야 한다' 는 점에 중점을 두고
전시회의 포커스를 진로직업개발에 맞추기로 했다. 그 와중에 외환위기가
터졌다. 전업주부들도 직업전선으로 나서야 하는 시대 상황을 반영해 순
발력 있게 부업과 자격증도 포함시켰다.

전시회 기획은 별 문제없이 잘 진행되었지만 절체절명의 과제가 남아
있었다. 바로 전시장으로 코엑스를 확보해야 한다는 점이었다. 신생 전시
회사인 신호로서는 성공의 밑판으로 삼아야 하는 절호의 기회를 전시장을
확보하지 못해 놓칠 수는 없었다. 우여곡절 끝에 신호의 네 번째 전시회인
〈98 한국 진로 · 직업개발 · 부업 · 자격증 박람회〉를 코엑스에서 열 수 있
었다.

봄, 가을로 나누어 두 번 열었다. 유료 관람객만 3월의 봄 전시회에 3만
5000명, 8월의 가을 전시회에 2만 5,000명 정도가 들어왔다. 코엑스 2개
홀이 관람객으로 가득 찼다. 다른 전시회들이 외환위기로 적자를 면치 못
하고 예정했던 전시회마저 취소하는 상황이었지만 〈한국 진로 · 직업개
발 · 부업 · 자격증 박람회〉는 오히려 기대 이상의 성공을 거두었다.

서른여덟 번째 생일 선물

"진로 직업개발 박람회도 잘 끝났고 전시회 소송건만 잘 마무리되면 올해는 더 바랄 것이 없겠는데…"

안정숙은 1997년에 전시회 관련 소송이 1심에서 기각되자 항소하고 재판을 기다리고 있었다. 변호사들도 항소를 말렸지만 혼자서라도 강행했을 만큼 도저히 용납할 수 없는 사안이었다. 그러나 안정숙은 항소심 첫 번째 재판에 참석하지 못했다.

"사장님, 일도 좋지만 몸 관리 좀 하셔야겠어요. 몸매가 날이 갈수록 방만해지세요."

직원들이 농담처럼 건네는 염려처럼 회사 오픈 이후 유독 피로가 심해지고 체중도 자꾸 늘어만 갔다. 수면부족 때문에 피로한 건 당연하고 나이가 들어가는 것이라며 무시해 왔었다. 그런데 진찰 결과 갑상선에 종양이 있다는 결과가 나왔다. 그나마 초진 결과는 수술은 안 해도 될 정도라고 해서 크게 걱정하지도 문제 삼지도 않았다. 그래도 갑상선 종양은 확실하게 떼어버리는 게 좋다는 지인들의 권유와 적극적인 배려로 항소심 1차 재판 불참을 감수하고 수술을 결정했다. 부모님이 눈치 채지 못하도록 알리바이를 만들어놓고서는 1998년 추석연휴 전날 오전까지 일하고 오후에 수술대에 올랐다. 그깟 종양 별 거 아니라며 담담했는데, 자신도 모르게 울고 있었다.

수술 후 마취에서 빨리 풀리지 않아 무척 고생을 하며 병실에서 외롭게 추석 아침을 맞아야 했다. 고맙게도 추석날 찾아온 병원장은 괜스레 침대 앞에 걸린 환자 명패에 적힌 나이만 손가락으로 지우다 돌아갔다.

며칠 후 단순한 갑상선이 아닌 암이라는 수술 결과를 들을 수 있었다.

"안타깝게도 최악의 상태라서 빠른 시간 내에 재수술을 해야 합니다."

워낙 특이한 케이스라 치료도 불가능할 뿐더러 임상테스트 대상으로 선정될 수도 없을 정도로 병이 깊다는 전문의 소견이 뒤따랐다.

"제 생일선물인가요?"

농담처럼 웃으며 이야기했지만 이날은 안정숙의 서른여덟 번째 생일이었다.

퇴원한 후 어떻게 될지도 모르는 상황에서 급한 일부터 처리해야 했다.

"내가 살아 있는 한 회사 문은 닫지 않을 겁니다. 그러나 내가 언제 어찌될 줄 모르니 그만두고 싶은 사람은 그만두어도 괜찮아요."

고맙게도 직원 2명 모두 자리를 지켜줬지만 4개월 뒤에 잡힌 재수술 일정과 겹친 행사가 문제였다. 행사일은 재수술 보름 후, 도저히 직원들만으로는 운영할 수 없는 상황이었다. 그래서 행사를 접기로 했다. 관계기관과 업체에서 난리가 났다. 안정숙은 목숨을 담보한 대수술을 앞두고 안정을 취해야 할 환자였지만 수술 하루 전날 이른 오후 병실을 몰래 빠져나왔다. 행사 관계자들을 만나 소주를 마셔가며 설득과 이해를 구하고 자정을 훌쩍 넘겨서야 병원으로 돌아올 수 있었다. 대학병원까지 발칵 뒤집어놓으며 도망친 데다 술까지 마신 환자의 수술은 당연히 하루 연기됐다.

1999년 2월 재수술로 꼬박 한 달을 입원해 있었고, 만 두 달 동안 목소리가 전혀 나오지 않았다. 전시회 항소심 두 번째 재판 일에는 목소리도 안 나오는 몸을 이끌고 참석했다. 업무는 4개월 이상이나 밀려 있었다. 사실 4개월의 업무공백은 표면상 수치일 뿐 최소한 1년 전에 기획을 끝내고 전시장을 확보하고 영업을 뛰어야 하는 전시업무 성격을 감안하면 그 여파는 만만치 않았다.

처음부터 다시 시작한다는 마음가짐과 정신자세로 단단해져야 했다. 두 번째 수술 이후 일요일마다 산에 오르기 시작했다.

한국국제관광 전시회로 입문

안정숙은 전시와 첫눈에 반해 천직이라 여기며 열정을 쏟아온 행운아는 아니었다. 사실 아르바이트를 한다는 생각으로 발을 들여놓았다가 20여 년을 전시의 마력에 발목 잡힌 애증관계라고나 할까.

첫 직업은 소비자고발센터 고발품 분석담당 간사였다. 초기엔 그런대로 재미를 붙여 일했지만 고발 건수 실적 스트레스가 많아 친구를 만나도 고발할 것 없냐고 묻고, 어떤 대상을 봐도 문제점과 고발 대상으로 보이다보니 업무에 염증이 나기 시작했다. 남성용 팬티 세 박스를 앞에 두고 소비자와 한 시간 반을 단내 풍기며 전화 통화를 한 뒤 미뤄왔던 사표를 썼다. 상대방 시각에 맞춰지는 수동적이고 창조적이지 못한 일이라는 생각에서였다.

마지막 출근 며칠 전 센터 창구에 자주 들르던 한일관계 홍보 잡지사 사장이 같이 일해 보자고 제의했다. 망설이다 잠시 아르바이트나 하겠다는 가벼운 마음으로 잡지사에 출근했다. 그런데 처음 한 달 동안 업무를 주지 않았다. 전화도 못 받고 할일 없이 한 주 두 주 버티다 한 달 되던 날 안정숙은 폭발했다.

"제가 놀러 온 것도 아니고 그만두겠습니다."

그제야 사장은 일본 관광자료들을 내놓으며 말했다.

"86아시안게임을 앞두고 관광 전시회를 해봅시다. 우리 집을 담보로 잡힌 자금으로 시작하는 일이니 목숨 걸고 해야 합니다."

관광 전시회가 안정숙의 운명이 되려고 했던지 마침 입사시험을 본 무역회사가 군포로 이전해 당장 오갈 때가 없게 된 처지이기도 했다.

우연을 가장한 필연처럼 1985년 사회초년생 안정숙은 전시와 인연을 맺게 되었다. 우리나라에서 가장 오래 된 관광박람회인 〈한국국제관광전시회〉(KOTFA)를 탄생시키고 자리잡게 한 주역이 바로 안정숙이었다.

돌아다니는 관광업계 정보통신

1986년 6월 〈관광전시회〉는 당시 코엑스 별관에 65개 부스로 오픈했다. 무사히 전시회를 마치고 하나들 철거되는 전시장을 바라보면서 많이도 울었다. 부스가 뭔지 영업이 뭔지도 모르는 상태에서 여행사를 쫓아다녔고, 휴일도 밤낮도 없이 일을 했다. 회사 옮기는 것을 적극 반대했던 남동생이 군대에서 사고로 세상을 뜨자 그 슬픔을 이기기 위해 더욱 일에만 매달렸다.

시작할 때는 이번 전시회만 마치고 그만두려고 했으나 못 채운 공간들에 대한 아쉬움이 남더니 다음해는 더 잘할 수 있으리라는 자신감이 생겼다. 1987년 한 해만 더해보자고 생각했는데 마침 일본이 해외 프로모션을 한국에서 하는 해였기 때문에 100부스 이상의 성과를 올릴 수 있었다. 그리고 88서울올림픽과 1989년의 해외여행자유화 바람을 타고 자연스레 그만둔다는 생각을 할 틈도 없이 일은 바쁘게 돌아갔고, 150부스, 200부스로 점점 전시 규모가 커지는 것에 재미를 느끼며 전시라는 일에 하나둘 눈을 떠가기 시작했다.

하루에도 관광공사를 10번씩이나 들락거리는 성실성이 최고의 재산이었다. 그다지 활달하지도 붙임성이 있는 편도 아닌 내성적인 성격이었지만 먼저 마음을 열고자 애썼다. 1987년에는 파타 총회 비표를 자신의 몫으로 건네준 관광공사 담당자에게 고마움을 전하고자 100원짜리 동전 한 뭉치를 미리 준비해 가서 부서 전 직원에게 자판기 커피를 뽑아 돌리기도 했다.

"어떻게든 마음을 전하고 싶었는데 고민 끝에 당시 제가 할 수 있는 고마움의 표시가 자판기 커피 한 잔이었어요. 그 후로 공사 분들과 편하게 지낼 수 있었지요. 술도 서른 넘어 일부러 배웠답니다."

원래 술 한 모금 넘기지 못했는데 2년에 걸쳐 남자직원에게 술을 배웠다. 일로 인한 대인관계에 부드러움을 유도할 수 있는 도구 중 술보다 좋은 것이 없다는 것을 알았기 때문이었다. 이러한 성실과 노력이 바탕이 되어 어느새 관광업계의 돌아다니는 정보통신으로 불리며 능력 있는 관광전시 실무자로 주목받게 되었다.

전시, 다시는 안 하겠다

관광전시 분야에서 10년의 경험을 쌓았던 안정숙은 관광업계를 떠나기로 결심했다. 불현듯 자신을 돌아보니 남보다 해외를 많이 돌아본 것 외에는 아무것도 가진 것이 없었다. 해외경험을 자신의 자산 가치로 인정할 수 없다는 생각에 이르자 더 늦기 전에 변화가 필요하다는 결론을 내린 것이다.

마흔이 되기 전에 또 다른 세계를 만나보고 싶었고 나만의 시간을 갖고 싶다는 열망으로 가득했다. 회사 오너로부터 여성이기 때문에 이사로 진급을 못시킨다는 말까지 듣게 되자 떠날 때가 된 것을 더욱 실감했다.

이미 후배직원들에겐 퇴사를 선언하고 인수인계도 끝냈다. 일본인 50명을 비롯해 정부 관계인사도 참여하고 임백천을 사회자로 섭외하는 등 꽤 큰 행사였던 일본 시마네현 관광프로모션을 마무리하고 일본 본부장에게 사직의사를 밝히자 쉬고 싶은 만큼 쉬라며 3개월 휴가를 주었지만 돌아가지 않았다.

보길도, 땅끝마을 등 국내여행을 하며 3개월을 보낸 뒤 전시행사에 프리랜서로 일을 하기도 했다. 전시회를 하면서 오랜 시간 알고 지냈던 분의 제안으로 이제 막 오픈한 회사에 합류하게 되었다. 막상 가보니 사무실만 있을 뿐 목표설정도 아이템도 없고 아무것도 되어 있는 게 없었다. 아이템을 고민하던 중 "10년 친구를 만날 수 있는 일을 하라"는 친구의 조언을 곰곰이 되새김질하다 화장실에서 배낭여행 어학연수 프로그램이란 아이템을 떠올렸다.

관광전시와는 직접 충돌하는 것도 아니고, 젊은 대학생들을 대상으로 하는 것이어서 괜찮겠다 싶었다. 한겨레에 제안해서 여행공모, 사진 콘테스트 등 이벤트도 만들고 대한항공에서 협찬금도 지원받을 수 있었다. 유난히 동갑내기가 많았던 여행사 오너들의 모임인 배낭여행협의회와 함께할 수 있는 작업이기도 했다.

시작 당시에는 관광전시 쪽과는 다른 길이라 생각했는데 막상 끝내고 나니 연결되는 부분이 있어 먼저 근무하던 관광 전시회사 오너에게 욕을 얻어먹기도 했다. 전시를 마친 후에도 회사 오너는 다른 일을 추진하지도 않았다. 배낭여행 아이템은 수익이 큰 것이 아니었기 때문에 월급받는 것도 그렇고 해서 그만두겠다고 했더니 행사는 주고 갔으면 한단다. 기꺼이 주고 나왔다.

그리고 결심했다.

'절대 전시는 안 한다!'

그러나 전시는 아무리 던져도 되돌아오고야 마는 부메랑 같은 것이었을까? 새로운 사업아이템은 있는데, 투자자가 없는 이들과 투자자를 연결하여 처박혀 있던 아이디어에 날개를 달아주는 사업을 해보고자 동업자를 찾고 있는데, 난데없이 "다른 일 기웃거리지 말고 전시를 해보자"는 동업자가 나타났다. 기다렸다는 듯 "다시 전시를 해보자"는 후배 직원의 부추김에 용기를 얻어 신호기획이란 이름으로 잠시 놓았던 전시와의 인연을 다시 이어갔다.

지자체 순회하며 직업교육전시 전문으로 다시 서다

2000년 4월 주식회사 신호기획이었던 법인명을 (주)신호커뮤니케이션즈로 바꾼 안정숙 대표는 신호의 운영 방향을 수정했다. 신호 주최 전시회를 고집하지 않고 전시회 주최업무 대행으로 전환하기로 했다. 수많은 지방자치단체들이 추진하는 전시회의 총괄 대행이 타깃이었다.

신호의 전시회 운영이 어려웠던 첫 번째 요인은 〈한국 진로 · 직업개발 · 부업 · 자격증 박람회〉 외에 다른 전시를 가지고 코엑스에 못 들어갔다는 것과 두 번째는 건강이 나쁘다 보니 계속 연계해서 새로운 전시회를 이끌어내지 못했다는 것이었다. 그리고 우리나라 전시회가 유사 전시회로부터 보호 받을 수 있는 시스템이 없다는 점이라고 진단했다. 〈한국 진로 · 직업개발 · 부업 · 자격증 박람회〉도 외환위기로 순탄하게 굴러가는 듯했으나 유사 전 시회가 6개나 생겨나는 등 경쟁이 치열해지자 2000년까지 3년간만 열었다.

"마침 광주시 교육청에서 직업교육박람회 의뢰가 들어왔고, 예산 지원 을 받는 범위에서 전시를 하게 되면 모험을 덜하고 일단 자금 걱정도 안 하고 안정적인 여건에서 전시를 할 수 있기 때문에 시작하게 된 것이죠."

2000년 광주에 이어 2001년에는 〈청소년진로직업탐색엑스포〉라는 이 름으로 광명, 의정부, 고양 등 경기도 3개시를 순회했고, 인천과 대전에서 도 직업교육 전시회를 이끌었다. 그밖에도 한국직업능력개발원 주최 〈국 제직업교육훈련박람회〉 주관, 과기부 주최 〈청소년이공계전공및진로엑스 포〉, 노동부의 〈직업훈련자격박람회〉를 대행하는 등 직업 진로 교육 관련 전시회 전문가로서 신호는 다시 일어서고 있었다.

지자체 직업교육 전시회는 2004년부터 과학, 컴퓨터 행사로 포맷을 바 꿔 계속 진행되고 있으며, 신호의 손을 거친 지자체 예산 교육청 행사가 20회 이상에 이르고 있다.

"우리가 밥을 사야 합니다"

안정숙은 광주시 교육청에서 주최하는 〈광주직업교육박람회〉를 맡기 로 하고 인사차 광주로 내려가며 어떤 사람들과 일하게 될지 내심 걱정이 앞섰다. 공무원은 관료적이고 권위적일 것이라는 선입견 때문이었다.

최연소로 장학관이 되었다는 담당 공무원은 직원들에게 안정숙을 인사시키며 또박또박 말을 이었다.

"사장님은 우리를 위해서 일을 해주시는 분입니다. 우리한테 밥을 사게 하는 사람이 아니기에 거꾸로 우리가 밥을 사야 합니다."

'공무원 중에 이런 분이 계시네!'

내심 걱정했던 마음이 한층 가벼워졌다.

장학관은 다시 교육청 과장에게 이렇게 소개했다.

"과장님, 이렇게 적은 예산을 가지고 신호에서 노력해서 좋은 행사를 만들어주기로 했습니다."

"적은 예산으로 너무 큰 것을 바라면 위험이 따를 수 있습니다. 또 우리가 넉넉한 예산을 주면서 행사를 잘 만들어달라고 해야 신호도 기분 좋게 아이디어를 내놓지 않겠습니까. 예산은 쥐꼬리만큼 주면서 아이디어만 달라면 좋은 아이디어 절대 안 나올 겁니다."

'아! 교육청에 이렇게 좋은 분들이 계시는구나.'

안정숙은 또 한번 놀랐다.

'평생을 살면서 이런 생각을 갖고 있는 사람들을 몇이나 만날 수 있을까?'

그때부터 지금까지 광주시 교육청 행사를 하면서 소위 업자인 안정숙은 밥 한번 사지 않았어도 마음 편히 일할 수 있었다. 2000년 첫 회에도 추경예산을 받아주려 노력했지만 쉽지 않자 이듬해부터 조금씩 예산을 올려주었다.

전국 교육청에서 처음으로 직업교육행사를 기획한 광주 교육청 행사는 신호 사람들에게 공무원의 잣대가 아니라 진정 학생들에게 필요한 것이 무엇인가를 추구한 가장 모범적이고 뜻 깊은 행사로 남아 있다. 안정숙은 광주에 가면 현재 고등학교 교장으로 재직 중인 행사담당 장학관에게 서로 바빠 얼굴은 못 봐도 마음을 담은 안부 전화를 잊지 않는다.

학생을 위한 학생에 의한 학생들의 장

체육관이나 대학 강당에서 열리는 지자체 전시회는 코엑스 등에서 열리는 일반 상업 전시회와는 달라야 했다. 세련되고 화려하진 않아도 가족적이고 정감 있는 행사들로 꾸며지도록 기획했다. 무엇보다 신호는 서울의 전시 형태를 답습하지 않았다. 지자체 저마다의 여건에 맞는 아이템으로 재구성해 업체를 살리고, 관람객인 학생들에게 보랏빛 환상이 아니라 현실적이고 실질적인 정보를 주는 데 초점을 맞췄다. 가이드 방법도 달랐다. 안정숙의 신념이자 1997년 직업교육 전시회의 주제인 '진로와 직업은 본인 스스로 개발해야 한다' 는 캐치프레이즈가 살아 있는 전시이어야 함을 잊지 않았다.

80개 부스 규모에 4년제 대학, 전문대, 직업학교, 실업고, 재능고 등 대부분 지역 학교가 참여업체였다. 이 전시회가 학생들 개개인의 진로에 도움을 주는 것은 물론 참여 학교 간의 연계의 장이 되어 각 분야마다 인재를 발굴하고 키워갈 수 있는 터전이 되어야 한다는 바람도 있었다. 참여한 학생들에게 먼저 적성검사부터 하도록 했다. 본인 스스로 파악할 수 있도록 개인 그룹 상담코너도 마련하고 관심 분야 인사를 초청해 어떤 노력과 과정을 거쳤는지 가이드라인을 주는 강연도 마련했다.

주 관람객인 학생들은 학교 차원에서 동원하되 학교마다 스케줄을 만들어서 4일 동안 다채로운 지역 학생들의 축제가 되도록 했다. 학생들을 위한 전시회이자 댄스 공연, 비즈 만들기, 태권도 등 저마다의 장기를 선보이는 학생들의 공연의 장으로 열어줘 학생들의 참여도를 높였다. 뿐만 아니라 광주교육청의 경우는 학생들에게 행사가 만들지는 과정을 보여주고 스스로 참여할 수 있는 기회도 주자는 담당 장학관의 공무원답지 않은 모험적인 발상이 시도되었다. 학생들 중 전시회 자원봉사자 신청을 받아 체육관에 카펫을 깔고 관람객을 안내하는 진행 스텝 도우미를 학생들에게 맡겼다. 전시장에서 스텝 명찰을 달고 친구들을 안내하며 뿌듯해 하는 얼굴, 신명나게 춤추는 학생과 이들 내심 대견하게 바라보는 부모…. 지자체 전시회는 학생을 위한 학생에 의한 학생들의 장이 되어 스스로를 발견할 수 있도록 돕는 안내자 역할을 톡톡히 했다.

교육청마다 직업교육 행사 붐을 일으킨 안정숙은 경기도지사 표창도 받았고, 교육청 관계자로부터 덕분에 좋은 자리에 가게 됐다는 인사말도 많이 들었다. 그러나 그 어떤 감사의 말보다 뿌듯한 감동을 준 소식이 있었다.

"광주에서 전교 1등 하는 학생이 우리 행사에 참여하고 실업고를 선택했어요! 이런 일이 있을 수 없다고 생각했는데. 안 사장! 한 명이라도 자부심을 가지고 스스로 실업고를 선택한 학생이 나왔다는 것은 전시회를 연 보람이자 성공입니다. 안 사장도 긍지를 가지세요!"

우울한 날에는 전시장에 가보세요

직업교육 전시회 외에도 신호는 전시장에서 전시회를 주최하는 형태를 탈

피하고 와카마나 현 프로모션을 비롯해 지자체, 조달청 등 예산을 지원받아 주최하는 크고 작은 전시행사를 진행하고 있다.

광주와 일본 센다이 시가 함께 주최하여, 센다이 시에서 〈2003년 광주 김치대축제〉를 열었고, 조달청 예산을 지원받아 〈명인명장전〉을 일본에서 열어 좋은 성과를 얻었다. 명인 공방을 일일이 찾아다니며 일본인들이 좋아하는 품목을 선정해 580여 작품을 가지고 나갔다. 옹기는 없어서 더 못 팔았고 악기, 다기 등도 반응이 좋았다. 생활이 어려운 명인들에게 현실적인 도움도 주고 우리 문화도 알린 보람 있는 전시였다. 가마에 불 지피는 날에 참석해 좋은 작품 나오길 함께 기원하며 명인들과 친해진 것도 큰 수확이지 기쁨이었다. 목소리도 안 나오는 몸을 이끌고 변호사 없이 혼자 항소심을 치른 전시회 소송건도 이겼다. 만 4년 만에 종지부를 찍은 이 소송은 합의금 몇 푼 받기 위해서가 아니라 전시회를 개최하는 사람으로서 도저히 용납할 수 없었기 때문에 강행한 소송이었다.

"우리 회사가 크게 돈은 못 벌어도 사람들이 우리 동네에 왔을 때 '신호 가서 차 한 잔 마시고 가자'는 좋은 친구 같은 회사를 만들어봅시다. 파이팅!"

이렇게 안정숙 대표와 직원들은 그간의 어려움을 딛고 일어나 이제 앞으로 가는 일만 남았다. 그런데 신호의 연혁에는 2005년이 텅 비어버렸다. 안정숙의 갑상선암이 재발했던 것이다.

두 번의 수술과 4년간의 재판을 겪으면서도 부모님께는 암 투병 사실을 철저히 숨기며 잘 버텼던 안정숙은 "죽는 게 낫겠다는 생각에 갇혀 한 달 동안 아무것도 할 수 없었다"고 털어놓는다. 2006년 이듬해를 기약할 수 없을 정도로 절망의 나락에 갇혀 있었는데, 기적의 선물이 되어준 것은 다름 아닌 청국장이었다. 희한하게도 청국장을 꾸준히 먹자 기세를 부리던 종양이 조금씩 줄어들었다.

현재 안정숙은 IBM 출신의 부사장을 영입하고 전시와 다른 일을 50 대 50으로 나누어 신호를 운영하고 있다. 신호 설립 당시와는 전시 규모도 아이템 방향도 달라졌다.

"처음에는 상업적인 분야에 초점을 맞췄지만 이제는 존재를 위해 필요한 것들에 가치를 두게 됐습니다. 사람이 살면서 진정 필요한 것들을 놓고 가는 경우가 많은데 이런 것들을 자꾸 끄집어내, 보고 느낄 수 있는 행사를 만들고 싶어요. 그리고 〈명인명장전〉을 키워 해외에 널리 알리고, 좋은 효능을 가진 우리 식품을 제품화 시켜 일본을 비롯한 외국에 팔고 싶어요. 예를 들어 김치를 팔아도 숨 쉬는 장인이 만든 항아리 김치를 담아 팔고 싶죠."

우울한 날에는 남대문 시장에 가보라는 말이 있듯이 우울한 사람들에게 전시장을 찾아보라고 안정숙은 권한다. 사람 사는 냄새를 맡으며 살아 있음을 흠뻑 느낄 수 있는 곳이 바로 전시장이기 때문이라고….

"전시장은 내가 살던 동네, 내 집이 있고 보고 싶은 옛 친구들을 만날 수 있는 곳 같아서 그냥 지나치지 못하는 소중한 추억이자 삶의 현장이죠. 전시는 패션이며 인간관계라고 생각해요."

안정숙은 전시를 이렇게 표현한다. 전시일로 상처도 많이 받고 여자로서 못할 일이라며 후회도 했다. 그러나 좋은 사람, 좋은 친구를 많이 만들어준 것도 전시며, 자신의 전부도 전시라고 말한다.

전시인이라면 누구나 성공한 전시인으로 남고 싶어한다. 안정숙도 마찬가지다. 지금 이 순간에도 전시업무로 친구가 된 누군가의 안부를 챙기고 있을 그녀다운 성공의 세러머니가 기대된다.

인적 네트워크로 성공 전시회 만드는 **마이다스**의 손

1999년 11월, 일본 도쿄에 있는 어느 호텔의 스카이라운지. 〈국제 표면실장 및 인쇄회로기기전〉(SMT/PCB Korea)을 준비 중이던 케이페어스(K.Fairs) 홍성권 대표는 표면실장 장비 국내 1위 업체인 삼성항공(현 삼성테크윈) 담당자와 마주 앉았다.

두 사람은 오래 전부터 알고 지내는 사이였다. 홍성권이 경연전람에서 반도체 및 공장자동화 장비 전시회인 〈인터넵콘〉(Internepcon)(현 Nepcon)을 담당할 때부터 업체 담당자와 전시주최자로 인연을 맺어왔다.

"한국에서 만나도 되는데 일부러 일본까지 달려오신 겁니까?"

"바람도 쐴 겸 과장님과 허심탄회하게 이야기도 나눌까 해서 왔습니다."

"하여튼 홍사장님의 열성은 아무도 못 말린다니까요. 하지만 일개 담당자인 제가 결정할 사안이 아니란 건 홍사장님도 잘 알고 계시잖습니까."

사실 그랬다. 그럼에도 불구하고 일본으로 출장 온 담당자를 만나러 온 것은 홍성권 나름의 영업 스타일이라 할 수 있었다.

홍성권은 실무 담당자에서부터 최고결정권자까지 모두 뜻을 같이해야 좋은 작품을 만들 수 있다는 생각을 갖고 있었다. 그래서 결정권자와 담판을 짓기 전에 업무 담당자를 철저하게 자신의 편으로 끌어들이는 것이 홍성권의 영업 방식이었다.

그런데 굳이 일본으로 달려 온 것은 해외출장이 잦은 홍성권이 그동안의 경험을 살린 영업 비법이기도 했다. 홍성권은 외국이라는 특별한 공간에서는 서로의 마음을 열고 허심탄회해진다는 것을 익히 경험한 바 있었다. 그래서 담당자에게 자신의 솔직한 심경을 토로하고 도움을 요청하고 싶었던 것이다.

"다른 뜻은 없습니다. 제가 어떤 사람이라는 것은 과장님이 더 잘 아실 테니까요. 단지 윗분들에게 저 홍성권이 이 전시회를 어떻게 만들고 싶어 하는지를 객관적으로 전달만 해주시라는 겁니다."

"그야 어렵지 않지만요."

"그럼 됐습니다. 도쿄의 야경이 참 아름답군요. 이런 야경을 내려다보며 과장님과 와인잔을 나누는 오늘 밤이 오래도록 잊혀지지 않을 것 같습니다. 일 이야기는 그만하고 세상 사는 이야기나 나눕시다."

이날의 만남은 〈SMT/PCB Korea〉를 성사시키는 데 무척이나 큰 도움이 되었다. 이러한 작은 일 하나에도 최선을 다하는 홍성권의 노력이 오늘의 〈SMT/PCB Korea〉가 있게 한 원동력이 되었음은 분명하다.

위기를 기회로 바꾼 비장의 무기, 진솔한 한 장의 편지

홍성권이 IT장비 관련 전시회와 인연을 맺은 것은 동성통상에서 근무하던 1984년, 세계적 전시주최사인 Reed와 손잡고 〈인터넵콘〉(Internepcon)을 주최하면서부터였다. 그 뒤 경연전람이 Reed의 에이전트가 되면서 이 전시회는 경연전람으로 넘어갔고, 동성통상에서 경연전람으로 자리를 옮긴 홍성권이 계속 담당했다. 그러기에 〈인터넵콘〉은 그 어떤 전시회보다 홍성권이 애착을 가진 전시회였다.

1994년에 경연전람을 그만두고 케이페어스란 회사를 설립해 자신의 전시회를 만들어 주최해 오면서도 홍성권은 〈인터넵콘〉에 대한 미련을 버리지 못하고 있었다. 그러나 타사의 전시회를, 그것도 자신이 담당했던 전시회를 베끼기에는 자존심이 허락하지 않았다.

그렇게 몇 년이 흐른 뒤에 홍성권이 〈SMT/PCB Korea〉를 주최하겠다고 나선 것은 주위의 권유 때문이었다. 〈인터넵콘〉 시절부터 가까이 지내던 업체 사람들이 SMT(표면실장 설비) 관련 전시회를 개최해 보라고 권유했던 것이다. 〈인터넵콘〉의 한 분야인 SMT가 성장 가능성이 높아 별도의 전시회가 필요하다는 것이었다. 그러면서 홍성권 대표가 전시회를 만들면 적극 도와주겠다고까지 했다.

홍성권으로서는 구미가 당겼다. 그러나 경연전람과의 관계가 마음에 걸렸다. 당시에는 기존 전시회의 특정 분야를 세분화해 별도의 전시회를 만드는 사례가 허다했다. 별 문제가 없겠거니 하고 주최를 결심했다. 하지만 이때문에 경연전람으로부터 소송을 당했고, 법원으로부터 별 문제없다는 판결을 받아내기도 했지만 몇 달간의 재판 과정에서 마음고생을 하기도 했다.

그런 상황에서 전시회 개최를 위해 업체를 모집하느라 뛰어다니고 있었지만 큰 난제가 앞을 가로막고 있었다. 예전부터 같이 일을 하면서 친하게 지내던 관련 업계 사람들이 참가하겠다고 하면서도 단서를 달았다. SMT 분야 업계 1위인 삼성항공을 꼭 참가시켜야 자신들도 참가하겠다는 것이었다. 그래야만 전시회도 성공할 수 있고, 자신들이 참가할 명분도 생긴다는 것이었다.

그런데 삼성항공은 경쟁 전시회로부터 파격적인 제안을 받아놓은 상황이었다. 홍성권은 그런 조건을 내걸고 싶지 않았다. 업체를 무료로 참가시키는 방법으로는 전시회를 발전시킬 수 없다고 보았던 것이다. 대신 홍성권이 내건 조건은 첫해에는 50%를 디스카운트해 주고 다음해부터는 매년 10%씩 줄여나간다는 것이었다.

이런 조건이 걸림돌이 됐는지 삼성항공 관계자 20여 명이 참석한 자리에서 경연전람과의 경쟁 프리젠테이션을 성공적으로 치렀지만 아무런 언질도 받을 수 없었다.

그러던 차에 담당자가 일본 출장을 간다기에 일본으로 달려갔던 것이다. 물론 담당자에게 큰 기대를 건 것은 아니었고, 별다른 성과를 거두지 못했지만 홍성권은 거기서 주저앉지 않았다.

이제 담당 임원을 만나 담판을 지어야 할 차례였다. 새로 부임한 그 임원과는 일면식도 없었다. 불쑥 찾아가 또다시 '최고의 전시회를 만들겠다, 꼭 참가해 달라'고 떼를 쓰듯 애원하기도 그랬다. 어떻게 할 것인가 잠시 고민하던 홍성권은 펜을 들었다.

　지난 20년 동안 전시산업에 몸담아 온 자신의 삶을 이야기하고, 전시회를 기획하게 된 동기를 담담히 적었다. 자신의 별명이 '넵콘 홍'이고, 업계 사람들과 친밀하게 지내왔다는 사실도 숨기지 않았다. 전시회를 개최하려는 것은 단순한 돈벌이 수단으로서가 아니라 업계의 요청을 받아들여 업계 발전에 밑거름이 되는 전시회로 만들겠다는 의지의 발로였다고 밝혔다. 그리고 이 전시회에 자신의 모든 것을 걸 정도로 애착을 갖고 있으며, 성공적인 전시회가 되기 위해서는 삼성항공이 꼭 참가해 주었으면 한다며 심사숙고를 요청한다는 말을 잊지 않았다.

　홍성권은 사람의 마음을 진솔하게 전달하는 방법으로 편지만한 것이 없다고 생각했다. 그래서 진솔한 마음을 전달하고자 할 때에는 친필 편지를 쓰곤 했다. 그래서 마지막이란 각오로 자신의 생각을 진솔하게 편지에 담았던 것이다.

　"그런데 삼성항공의 담당임원으로부터 메일이 왔더군요. 지난 프레젠테이션에서 저의 의지와 열정을 읽을 수 있었고, 진솔한 편지에 감사하다며 다시 한번 검토해 보겠다는 내용이었어요. 결정권자가 이런 편지를 보낸다는 것은 저희에게 기회를 주겠다는 것이 아니고 무엇이겠어요. 정말 뛸 듯이 기뻤습니다. 물론 삼성항공은 우리 전시회에 참가했고, 이에 힘입어 전시회를 성공적으로 치러낼 수 있었습니다."

믿음에 대한 보답은 성공 전시회 만드는 것

〈SMT/PCB Korea〉의 첫 전시회는 2000년 2월, 서울 강남구 대치동에 있는 학여울전시장에서 열렸다. 홍성권 대표가 발로 뛰며 업체를 설득한 끝에 첫 전시회 치고는 꾀 큰 350부스 규모였다.

전시회가 개막되는 날은 영하 20도의 강추위가 몰아쳤다. 테이프 커팅을 마친 홍성권은 부리나케 2층에 있는 전시주최자 사무실로 올라갔다. 거기서 전시장 전체를 내려다볼 수 있었다.

우여곡절 끝에 전시회를 개최했지만 홍성권은 걱정이 태산이었다. 과연 관람객이 얼마나 방문할는지… 코엑스에 자리가 없어 '울며 겨자 먹기'로 학여울전시장을 선택한 터였다. 학여울전시장은 코엑스와 직선거리로 1km밖에 떨어지지 않았지만 대중교통편이 코엑스에 비해 열악하기 짝이 없었다. 그래서 전시주최자들로서는 학여울전시장이 마지못한 선택일 수밖에 없었다. 거기에다 영하 20도의 날씨라니. '업친 데 덮친' 격이었다.

아무리 밥상을 잘 차려놔도 와서 먹을 사람이 없다면 제사상에 불과할 터였다. 관람객으로부터 외면당하는 전시회는 임종 선고를 받은 것이나 다름없었다.

기자와의 간단한 인터뷰를 마친 홍성권은 초조한 마음을 달래기 위해 커피를 한 잔 타서 다시 창가로 갔다. 그는 불안하고 두려운 마음을 애써 진정시키며 걱정 어린 눈길을 전시장 입구로 보냈다. 그런데 입구가 입장하려고 줄을 선 관람객으로 꽉 차 있는 것이 아닌가. 눈을 의심할 정도였다. 그러나 만원사례의 관중 동원은 우연이나 행운은 아니었다. 홍성권과 직원들이 밤잠을 잊은 채 몇 달 동안 발로 뛴, 다시 말해 뿌린 씨를 정직하게 거둔 것일 뿐이었다.

홍성권은 전시회 주최를 앞두고 광고와 홍보에 많은 투자를 했다. 그것이 비싼 돈을 내고 참가하는 업체들에 대한 예의라고 생각했다.

"업체들이 저 홍성권을 믿고 기꺼이 출품한 데 대한 보답은 많은 관람객을 모아주는 것이 아니겠습니까. 그러기 위해서는 투자를 아끼지 말아야 합니다. 그래서 저는 언론 매체를 통해 단순 광고를 하는 것에 머물지 않고 많은 노력을 기울였습니다."

홍성권이 우선 내민 카드는 타깃 홍보였다. 관람객과 바이어가 될 만한 대상에게 초청장을 보내는 것에서 머물지 않고 출품 제품의 잠재 고객이 될 만한 회사와 공장 앞에 전시회를 알리는 플래카드를 부착했다.

100여 개의 플래카드를 만들어 트럭에다 싣고 다니며 밤새 달았다. 구청에 허가를 받아야 하지만 일일이 다 받기가 어려워 나중에 철거하라고 하면 철거할 것을 감수하고 모두 부착했다. 지금까지 주최해 온 그 어떤 전시회보다 혼신의 힘을 기울였고, 많은 노력과 자금을 투자했다.

이 뿐만 아니었다. 고객에게 초청장을 발송하는 것도 최선의 노력을 기울였다. 잠재 구매고객에게 초청장을 발송하는 것은 어느 전시회나 하는 일이었다. 일반적으로는 담당부서장 앞으로 여러 장의 초청장을 보내는 정도에 그쳤다. 그러나 홍성권은 담당부서 전 직원에게 일일이 초청장을 발송했다. 이것은 몇 배의 노력을 더 필요로 했지만 당사자에게 신뢰감을 심어주는 데 더없이 좋은 방법이었다. 부서장으로부터 초정장을 받는 것보다 전시주최자로부터 직접 받게 되면 한번이라도 더 가보고 싶은 게 인지상정이다.

이런 노력이 바로 전시회의 성공 열쇠였다. 당시 〈인터넵콘〉의 관람객이 1만여 명 정도였는데, 〈SMT/PCB Korea〉의 첫 전시회에는 1만 6,000명의 관람객이 찾았다. 전시회가 끝난 뒤 참가업체로부터 찬사를 받았음은 물론이다. 수많은 전시회를 열면서도 그때만큼 참가업체로부터 칭찬을 받은 적이 없었다. 그랬기에 홍성권 대표는 자신의 전시회 인생에서 가장 혼신의 힘을 다했던 전시회이자 가장 기억에 남는 전시회라고 주저 없이 말한다.

이렇게 SMT를 2002년까지 성공적으로 주최해 오다가 Reed의 에이전트가 된 후인 2003년부터 경연전람에서 주최하던 〈인터넵콘〉을 물려받아 이를 합쳐 〈SMT/PCB Necopen Korea〉로 개최하게 됐다. 이는 죽어가던 〈인터넵콘〉을 되살리는 계기가 됐다. 세계적 전시주최사인 Reed로서는 전시회 하나가 없어지는 것이 상당히 자존심 상하는 일이며, 국내전시회를 관장하는 Reed 재팬 사장이 어려움을 당할 수 있는 상황이었다.

파트너가 지어준 회사명 케이페어스

홍성권 대표는 스스로 사람 사귀기를 즐긴다고 말한다. 처음 만나는 사람도 단 몇 시간이면 오랜 친구처럼 허물없이 대하는 친화력을 지니고 있다. 홍성권은 그런 친화력의 비결은 진솔함에서 비롯된다고 말한다. 어떤 목적을 배제한 채 인간적인 모습으로 대하면 누구나 마음을 열고 친구가 될 수 있다는 것이다. 그러기에 홍성권은 스스로 지인이 많다고 자부한다. 이런 홍성권의 친화력은 전시업에 뛰어든 후 오늘이 있게 한 자산이자 무기다. 앞서 언급한 〈SMT/PCB Korea〉의 성공도 분명 그의 친화력이 크게 작용했음을 부인하기 어렵다. 전시회를 개최하게 된 것도 수많은 지인들이 적극 후원하겠다며 전시회를 만들어보라는 성원에 힘을 얻었고, 참가를 주저하던 업계 1위 삼성항공을 끌어들인 것도 진솔한 편지 한 장이 큰 역할을 했음이 사실이다.

홍성권이 걸어온 삶의 궤적을 더듬어보면 여기저기서 그런 친화력이 많은 도움이 되고 있음을 엿볼 수 있다.

케이페어스의 홍성권 대표가 전시업과 인연을 맺은 것은 1979년에 이종사촌 형이 운영하던 동성통상에 입사하면서부터였다. 동성통상은 미국계 전시회사인 CEG(카나스, 1983년에 Reed에 합병됨)의 광고업무를 담당하고 있었는데, 홍성권은 CEG의 수석 부서장 스티브 신드를 만나면서 전시업과 인연을 맺었다.

당시 국내에는 전시전문가가 없을 뿐더러 전문 전시장의 효시라 할 수 있는 코엑스가 막 개장했을 정도로 전시산업이 걸음마를 시작할 무렵이었다. 동성통상은 자금부담 때문에 국내 전시는 엄두를 내지 못해 우선 홍콩에서 열리는 전자 전시회의 프로모션을 시작했다. 홍콩에서 열리는 전시회에 참가할 업체를 모집해 참가시키는 일이었다. 전자공업협동조합 회원사 명부에 실린 800여 업체에 일일이 전화를 해 20개 업체를 모아 전시회에 참가했다. 이렇게 열성적으로 일을 하고, 또 좋은 결과가 나오자 CEG에서 적극적으로 일해 보자고 했다. 공부를 해보니 전시업이 해외에서는 전망 좋은 사업으로 자리잡고 있었다. 이에 국제적인 전시회를 만들어보자는 꿈을 안고 적극적으로 전시사업에 뛰어들었다.

동성통상은 CEG와 손잡고 〈한국용접전시회〉, 〈한국산업안전전시회〉, 〈한국화장품기기전〉, 의료기기 전시회인 〈메디코〉 등을 주최했다. 이어 1984년에는 반도체 및 인쇄회로기판 생산기자재전인 〈인터넵콘〉을 개최했다. 삼성에서 반도체사업을 시작하고, 현대와 LG에서도 반도체 사업에 뛰어들게 됨에 따라 수입 반도체 장비를 전시하는 이 전시회는 호황을 이룰 수 있었다.

그사이 Reed가 CEG을 인수하고, 1985년에 동성통상이 부도가 나고, 1986년에 Reed가 ITF를 인수하는 숨가쁜 여정 끝에 Reed는 새로운 파트너로 ITF의 국내 대리점이었던 경연전람을 선택했다. 그런데 그동안 동성통상, 특히 홍성권의 뛰어난 업무능력을 높이 샀던 Reed는 경연전람에게 에이전트권을 주면서 홍성권을 영입하라는 옵션을 내걸었다. 이를 경연전람이 수용함으로써 홍성권 대표는 자연스레 경연전람으로 자리를 옮겨 전시일을 계속했다.

경연전람에 입사한 홍성권은 동성통상에서 주최하다 넘어온 〈인터넵콘〉을 담당했다. 전시부장으로서 다른 전시회를 새로 만드는 일과 미국 파트너와의 대화창구로서의 업무도 맡았다.

8년간 경연전람에서 근무하던 홍성권은 변신을 모색하게 된다. 무사안일과 편안함에 빠져 열정이 식어가던 자신을 발견하고 이래서는 안 되겠다는 각오로 일단 사표를 던졌다.

사실 마음만 먹었을 뿐 아무런 준비 없이 시작한 독립이라 매형의 사무실 구석에 책상 한 개만 덜렁 놓고 전시회 기획에 들어갔다. 이때 홍성권은 예전에 근무했던 회사에서 하고 있는 전시회는 손대지 않는다는 철칙을 세웠다. 그리고 국제적인 전시회를 만든다는 목표를 세웠다. 그러나 맨주먹으로 시작한다는 것은 모험이었다.

홍성권은 독립을 준비하면서 오랜 인연이 있었던 Reed 관계자들에게 퇴직인사를 전할 겸 Reed의 아시아지역본부가 있는 싱가포르와 일본지사에 편지를 썼다. 새로운 각오로 전시일을 하기 위해 경연전람을 퇴직하고 독립하게 되었다는 것과 앞으로 많은 도움을 바란다는 내용이었다.

그런데 얼마 후 Reed의 런던 본사에서 연락이 왔다. Reed의 한국지사 자격으로 해외 프로모션 부문을 맡아달라는 것이었다. 다시 말해 경연전람이 Reed의 한국 에이전트로서 전시회 공동 주최와 Reed가 전세계에서 주최하는 전시회에 국내업체와 관람객을 참관시키는 업무를 담당했는데, 이 중 해외전시회 참관 알선 업무를 홍성권에게 맡기겠다는 뜻이었다.

나중에 알게 된 사실이지만 Reed의 싱가포르지사 산하 20여 개 전시 에이전트사들에게 같이 일하고 싶은 파트너를 선택하라고 하자 만장일치로 홍성권을 선택했다는 것이다. 코끝이 찡했다. 비즈니스의 해외 파트너는 서로간의 믿음이 있어야 하는데 동성통상, 그리고 경연전람에서도 이 업무를 전담하면서 두터운 신뢰를 쌓은 덕분이었다.

이렇게 Reed가 주최하는 해외전시회에 국내업체를 모집해 참가시키는 일을 맡으면서 Reed와 다시 손을 잡았다. 이때 회사명도 Reed에서 지어주었다. 외국에서는 대표의 이름을 따서 회사이름을 짓는 경우가 많다며 홍성권의 영문 이니셜인 K와 전시의 Fairs를 합쳐 K.Fairs로 지으면 좋겠다고 한 것이다.

이처럼 이름을 지어주는 것은 동서양을 막론하고 존경과 친밀감을 나타내는 것이라 할 수 있다. 옛날 우리 선조들이 아끼는 제자나 후배에게 자나 호를 지어주기도 했던 것에서도 알 수 있다.

인연이 만들어준 일등공신 Expo Comm

이처럼 홍성권의 친화력이 힘을 발휘해 성사된 전시회가 또 있다. 케이페어스를 정착시키는 데 일등공신 역할을 한 〈Expo Comm〉이 바로 그것이다.

1994년에 케이페어스를 설립한 홍성권은 경연전람에서 담당하던 Reed의 해외전시회 에이전트권을 물려받아 추진했다. 하지만 그것만으로 회사의 장기적인 성장을 도모할 수 없다고 판단하여 1995년에 코엑스와 공동으로 〈건설건축기자재전〉을 만들었다. 경향하우징페어가 있었으나 첫 전시회를 400부스로 시작할 정도로 대단히 성공적인 전시회였다. 하지만 우후죽순격으로 등장하는 유사 전시회로 인해 시장이 혼탁해지고 경쟁이 치열해지자 전원주택 전시회로 바꿨다. 이 전시회 역시 호응이 좋았지만 외환위기라는 악재를 만나면서 타격을 입었고, 결국 2000년에 접는 아픔을 겪기도 했다.

오늘의 케이페어스가 있게 한 성장의 일등공신은 〈건설건축기자재전〉에 이어 1996년에 미국의 E. J. Krause와 함께 주최한 〈국제정보통신 및 이동통신전시회〉(Expo Comm Korea)이다. E. J. Krause는 미국에 본사를 둔 회사로서 당시 연간 60여 개의 전시회를 세계 15개국에서 주최하고 있었다. 이 중 통신 전시회인 〈Expo Comm〉이 대표적인 전시회였다. 이 전시회는 미국, 중국, 모스크바, 일본, 프랑스, 멕시코, 아르헨티나 등 16개국에서 열리고 있었다. 국내업체들이 해외에서 열리는 이 전시회에 많이 참가할 정도로 한국에도 잘 알려져 있었다.

홍성권이 이 전시회를 국내에서 개최하게 된 것은 오랜 인연의 덕분이었다. E. J. Krause의 사장 Krause는 Reed 출신이었는데, 홍성권과는 그 전부터 친하게 알고 지내던 사이였다. 그러나 경연전람을 그만 둔 후에는 만나지 못하고 있었는데 1996년 초 일본의 나리타공항에서 우연히 만났다. 그동안의 안부를 주고받다가 홍성권은 귀가 번쩍 뜨이는 말을 들었다.

"한국에서 〈Expo Comm〉을 해보고 싶어 2년 동안 노력했지만 잘 되지 않았죠. 그때 내가 왜 홍 사장 생각을 못했지? 잘 만났어요. 홍 사장이 〈Expo Comm〉을 한번 해보지 않겠소?"

홍성권도 〈Expo Comm〉의 명성에 대해 조금은 알고 있었다. 그런 전시회라면 한국에서 성공할 가능성이 높았다. 당시 우리나라에서는 무선통신 시장이 급속도로 확대되면서 통신장비 수요가 늘어날 조짐을 보이고 있었다. 개인휴대통신(PCS)을 비롯해 신규 통신사업을 추진하기 위해 사업자 선정 작업이 한창 진행되고 있었던 것이다.

"한번 해보겠소. 꼭 성공시킬 테니 맡겨주시오."

"그럼 다음에 미국을 방문하면 꼭 들르시오. 그때 구체적인 것을 논의해 봅시다."

'쇠뿔도 단김에 빼랬다' 고 나중에 어떻게 될지는 장담할 수 없었다. 누군가가 더 나은 조건을 제시하면 Krause가 흔들릴 수도 있었다. 홍성권은 말이 나온 김에 끝장을 보아야 한다고 생각했다.

"나중까지 기다릴 게 무어 있겠소. 지금 당장 저에게 전권을 위임한다는 위임계약서를 하나 써주시오."

"홍 사장님의 그 몰아붙이기는 아무도 못말린다니까. 좋습니다. 써 드리지요."

전권을 위임한다는 것은 전시회 주최권을 주겠다는 것에 덧붙여 홍성권이 제시하는 조건대로 하겠다는 뜻도 내포돼 있었다. 아무리 그 전부터 알고 지내는 사이라고는 하지만 오랜만의 우연한 만남에서 선뜻 그런 계약서를 써주기는 쉽지 않을 것이다. Krause가 그만큼 홍성권을 신뢰하고 있다는 증거라 하지 않을 수 없었다. 홍성권이라면 믿고 맡길 수 있다는… 이 또한 홍성권의 인적 네트워크가 위력을 발휘한 대목이라 할 수 있다.

전시회를 주최하기 위해 코엑스에 전시장 임대 신청을 하자 코엑스에서도 같은 분야인 무선통신 전시회를 개최하려고 준비하고 있다는 것이었다. 계획서까지 만들어놓은 것을 알고는 함께 하기로 했다.

⟨Expo Comm⟩은 삼성전자와 LG전자는 물론 모토로라, 루슨트테크놀리지, 시스콘, 에릭슨 등 외국 유명 통신장비 업체가 대거 참여함으로써 성황을 이뤘다. 당시 우리나라에서 PCS 사업을 본격 추진함에 따라 통신장비 수요가 급격히 증가할 것으로 보고 시장 선점을 위해 외국업체들이 대거 몰려온 것이다.

250부스 규모로 시작한 ⟨Expo Comm⟩은 초창기 4~5년간 코엑스가 자체적으로 주최하는 전시회 중 매출 1위를 기록할 정도로 성장을 거듭했다.

Kormarine을 세계적 전시회로 업그레이드하다

2002년에 경연전람과 Reed의 에이전트 계약이 종료되자 케이페어스가 Reed의 한국 에이전트가 되었다. 이에 따라 Reed가 경연전람과 손잡고 주최했던 ⟨Kormarine⟩이 케이페어스의 품에 안겼다.

이 역시 마당발로 통하는 홍성권 대표의 인적 네트워크가 한껏 위력을 발휘한 결과라고 할 수 있다. 20년간 Reed와의 해외 네트워킹을 통해 Reed의 회장, 수석부사장 등 많은 사람들과 유대관계를 공고히 해온 것이 큰 힘이 된 것이다. 그랬기에 경연전람과 결별한 Reed가 주저 없이 케이 페어스에 에이전트를 맡긴 것은 두말 할 것도 없이 홍성권이 있었기 때문이다.

홍성권은 Reed의 믿음에 보답하듯 경연전람에서 주최하던 〈Kormarine〉을 맡아 몇 년 사이 규모를 두 배로 늘렸다. 2001년 경연전람에서 주최할 때에는 470부스 규모였으나 케이페어스는 2003년의 전시회를 600부스로 키웠고, 2005년에는 900부스로 대성황을 이루었다.

이는 홍성권 대표의 폭넓은 해외 인적 네트워크를 이용해 해외업체의 프로모션에 힘을 기울인 결과다. 〈Kormarine〉은 세계 5대 조선기자재 전시회로 꼽히고 있는데 나머지 4대 전시회는 모두 독일, 그리스, 네덜란드, 노르웨이 등 유럽에서 열리고 있다. 그리고 선박을 보유한 선주가 유럽에 많은 관계로 이들 전시회에 비해 주요 바이어라 할 수 있는 선주 유치에 뒤지고 있었다.

홍성권은 〈Kormarine〉을 맡자마자 유럽 지역의 선주 유치에 많은 노력을 기울였다. 유럽에서 열리는 전시회에는 참석하는 선주들이 〈Kormarine〉에는 많이 참석하지 않는 것을 알고는 이들의 유치에 힘을 쏟은 것이다. 해외에서는 Reed의 에이전트 망을 이용해 공략하도록 했고, 한국에서는 외국업체의 한국 에이전트를 찾아다니며 공략했다. 그런 기본적인 노력을 기울였더니 성과가 나기 시작한 것이다.

선주들이 직접 전시회에 참가하면 전시회에 출품된 기자재를 보고 직접 주문을 할 수 있게 된다. 엔진은 어느 회사, 레이더는 어느 회사, 화장실 욕조는 어느 회사 하는 식으로 90% 이상을 일일이 노미네이션했다. 따라서 선주들이 전시회에 많이 참가하게 되자 기자재 생산업체들도 전보다 더 많이 참가하게 됐다.

그러나 선주들을 유치한다는 것은 결코 쉬운 일이 아니었다. 초청장만 발송한다고 쉽게 오지 않았다. 그래서 유럽 쪽의 전시회를 빠짐없이 참가해 Reed 지사의 도움을 받아 선주들과의 만남을 자주 가졌다. 20명 정도 선주를 모아 작은 파티를 열곤 했는데, 그들의 수준이 높기 때문에 비용이 많이 들었지만 돈을 아끼지 않았다. 파티를 한번 하는데 20명 정도면 2~3만 달러, 10명 정도면 1만 5,000달러 정도가 들어갔다.

이런 노력 끝에 어느 정도 선주들이 참석하리라는 가능성이 잡히자 해외 선주 참여 리스트를 들고 국내 조선사와 기자재 생산업체를 공략했다. 세계 10대 조선사에 국내업체가 7개나 포함될 정도로 우리나라는 조선강국이었다. 체류비를 케이페어스에서 부담하면서까지 유명 선주들을 대거 초청했다고 하자 모두 고무적인 반응을 보내왔다. 해외 기자재 업체들도 마찬가지였다.

홍성권은 선주뿐 아니라 각국의 선박협회와도 돈독한 유대관계를 구축하고 있다. 80개 업체를 모아 독일관으로 〈Kormarine〉에 참가하는 독일 선박협회는 어드바이스까지 해줄 정도다. 경쟁 전시회가 인도, 중국 등에 있는데 아시아 지역에서 가장 뛰어난 전시회가 되려면 어떻게 해야 하겠느냐는 의견을 주고받을 정도로 친숙함이 배어나는 관계가 되었다. 〈Kormarine〉에 발전 방향을 조언해 줄 뿐만 아니라 해외 선주 리스트까지 제공해 줄 정도가 된 것이다.

해외 인적 네트워크가 자산

케이페어스는 전시 주최업무뿐 아니라 Reed를 비롯해 해외전시회의 에이전트 업무도 활발히 진행하고 있다. Reed를 비롯해 해외 9개 전시주최사의 에이전트로서 국내업체와 참관객의 참가알선 업무를 추진하고 있다.

이러한 해외전시회 참가알선은 연간 30회 정도에 달한다. 이러한 해외전시회 참가알선 하랴, 자체 전시회 바이어와 업체모집 하랴 홍성권은 1년에 평균 120일 정도 해외에 나가 있다. 출장 회수로는 20여 회에 달하고 마일리지로는 20만 마일에 달한다.

"1년의 절반가량을 해외출장으로 보내는데 이혼 당하지 않는 것이 다행입니다. 비행기를 하도 자주 타고, 또 장시간 타다보니 어느 날 다리가 저리더군요. 병원에 갔더니 척추분리증이라고 해서 재작년에 수술을 받았습니다. 일종의 직업병(?)이라고나 할까요."

이처럼 홍성권 대표가 케이페어스를 만들면서부터 타 업체에 비해 집중하고 있는 것은 해외 네트워크 구축이다. 국내전시회 개최에 비해 큰 이익은 없지만 해외 네트워크를 구축함으로써 세계 동향을 파악하고, 아이디어를 수집하는 데 많은 도움을 얻고 있다.

특히 Reed의 해외지사 및 에이전트 중에서 케이페어스가 최고의 쇼팀으로 선정됐을 정도로 능력을 인정받고 있다. 2년에 한 번씩 연말이면 Reed의 60개 지사에서 100여 명이 모두 모여 컨퍼런스를 하는데, 서로 프레젠테이션도 하고 여기서 인기투표로 그해 슈퍼 에이전트를 선정한다.

2004년에 이탈리아 프로렌스에서 열린 행사에서 60개 에이전트 중 유일하게 케이페어스가 슈퍼 에이전트에 뽑혔다. 그리고 Reed 그룹 전체 480개 전시회팀 중에서 제일 일하고 싶은 팀으로 케이페어스가 선정되기도 했다.

"커뮤니케이션은 네트워크의 가장 기본입니다. 아침에 출근해 보면 메일이 50개 정도는 와 있습니다. 원두커피 한 잔을 마시며 이메일에 일일이 답장할 때가 제일 즐거운 시간이죠. 그런데 직원들은 메일을 받고도 그날로 답장을 잘 하지 않더군요. 그래서 답장은 꼭 당일로 하라고 교육시킵니다. '오늘 당장 처리해 줄 수 없으면 그 이유와 함께 기다려달라는 답변이라도 보내라, 거절조차 답변을 해주는 것이다, 우리도 해외전시를 할 때 곧바로 연락이 없으면 가슴을 졸이지 않느냐, 메일 답신부터 성의껏 신속히 해주면 직원들의 이름이 해외 파트너에게 각인되는 것'이라고 말입니다."

홍성권은 국내전시회 파트너나 고객, 협회 관계자들과 친밀한 관계를 맺기 위해 많은 노력을 기울이고 있다. 그들이 무슨 프로젝트를 준비할 때 "그 전시회? 홍사장이 있잖아" 하고 자신의 이름이 제일 먼저 생각나게 하는 인간관계를 만들려고 한다. 직원들에게도 업체를 처음 방문할 때도 "커피 한 잔은 반드시 얻어먹고 오라"고 말한다. 그래야 손님으로서 대접받고 비즈니스를 얘기하고 왔다고 생각할 수 있다는 것이다.

홍성권은 속으로 싫어하면서도 일 때문에 겉으로는 친한 척하지 못한다고 스스로 밝히고 있다.

"무역협회 팀장이었던 사람이 저에게 이런 말을 하더군요. '홍사장님은 너무 박백(薄白)한 거 같아요. 그러면 절대 성공 못합니다.' '박백'이 무슨 말이냐고 물었더니 '얇고 하얗다'는 말이라더군요. 저는 진심으로 사람을 대하고 이야기할 것이 있으면 주저하지 않고 다 하는 타입인데 그렇게 비쳐졌던 모양입니다. 마오쩌둥이나 링컨까지도 '후흑(厚黑)', 즉 자기의 본심을 잘 드러내지 않았기에 성공했다는 겁니다. 나중에 다른 사람에게 그 이야기를 했더니 이런 말을 하더군요. '후흑했으면 오늘의 홍 사장은 없었을 것이다. 이때까지 박백하게 했으니까 주변에 사람들이 많은 것이다. 그냥 박백으로 사시게.' 박백하다는 평을 듣더라도 애써 후흑하기는 싫습니다. 설혹 박백하다가 누구한테 당하더라도 마음 편하게 나름대로 기준을 잡아 순리대로 생긴 대로 살기로 했습니다."

이처럼 홍성권은 비즈니스를 억지로 만들려고 하지 않는다. 언제나 최선의 노력을 기울이고 결과를 겸허하게 받아들이고자 하는 것이다.

전시회의 통합화에 발벗고 나서다

〈Expo Comm〉은 한때 매출이 25억 원에 이를 정도로 성장했으나, 이제는 노화기에 접어들었다. 우리나라의 통신 분야 투자가 거의 완료되면서 시장 자체가 축소되었기에 전시회도 쇠락의 길을 걷고 있는 것이다.

이대로 고사(枯死)를 기다릴 것이냐, 변신해 새로운 전시회로 탈바꿈할 것이냐의 기로에 서 있다. 그래서 홍성권은 비슷한 성격의 전시회를 하나로 통합해 새로운 전시회로의 변신을 시도하였다. 그 결과 우리나라 대표적인 IT전시회인 무역협회의 〈IT코리아〉, 한국경제신문의 〈KIECO〉, 그리고 코엑스와 케이페어스가 공동으로 주최하는 〈Expo Comm〉 등 3개 전시회가 서로 양보함으로써 통합에 합의하였고 이를 기반으로 향후 전자신문의 〈SEK〉과의 통합이 이루어진다면 아시아 최대의 IT전시회로 탈바꿈할 것으로 기대되고 있다.

이러한 시도는 조선기자재 전시회 쪽에서도 시도되고 있다. 경연전람의 해양관련 2개 전시회와 〈Kormarine〉을 통합해 새로운 조선 전시회를 만들려는 것이다. 이것은 전시회가 노쇠화 되어서가 아니고 통합을 통해 더 강력한 전시회로 탈바꿈하려는 것이다. 정부에서도 〈Kormarine〉을 국내전시회 중 가장 파워 있는 전시회, 세계에 내놔도 손색없는 전시회로 보고 있다. 그런 전시회를 더욱 키워 세계적인 전시회로 만들기 위한 것이다. 이것은 정부의 정책이기도 한데 홍성권이 통합작업을 주도하고 있는 것이다.

이 통합작업이 완료되면 홍성권으로서는 연간 1억 2,000만 원의 손실을 보게 되지만 대승적 차원에서 이를 추진하고 있다. 통합작업은 죽어가는 전시회를 살리려는 궁여지책이 아니라 우리나라 전시산업의 발전을 위해 세계적인 전시회로 탈바꿈시키려는 노력의 일환이기 때문이다.

손 대는 전시회마다 성공시켜 업계에서 '마이다스의 손'으로 통하는 홍성권 대표. 그의 남은 소망은 우리나라 전시산업의 화려한 비상이다.

전시업계에 애정 가득한
돈키호테

전시를 좀 해봤다는 사람들이 이구동성 농담처럼 던지는 말이 있다.

"전시의 중독성은 마약보다 더하다."

전시회 오프닝을 알리는 테이프 커팅을 170여 차례나 경험한 베테랑 (주)한국국제전시 문영수 대표도 지옥과 천당의 순간을 오간다. '참가업체들이 잘 모여줄까' 늘 마음 졸이며, 심지어 '누구라도 동원해 볼까' 하는 극한의 생각도 해보고, 오픈 당일 테이프 커팅을 하는 얼굴은 웃고 있지만 사실은 이미 콩알만해진 간도 없어질 만큼 긴장한다.

'제발 실수 없이, 아무 문제없이 잘돼야 할 텐데…'

이렇게 지옥이나 다름없는 순간에 있다가도 전시회 첫날 물밀듯 들어오는 관람객을 보면 순간 기분은 날아가 천당에 있는 듯 환희를 맛보며 지옥의 고통은 잊은 듯 또다시 새로운 전시를 준비하는 것이다.

2006년 7월 20일 오전 11시 코엑스 태평양홀 앞, 문영수 대표는 또 한 번 지옥의 순간에 있었다. 20년 전 (주)한국국제전시의 데뷔작 〈국제건강산업박람회〉가 〈건강박람회〉란 이름으로 또다시 재도약할 수 있느냐를 검증받는 첫날이었다.

"지옥과 천당을 오가는 순간들… 정말 내 발로 뛰어가며 전시회를 만들었을 때만 느낄 수 있는 감정입니다."

조선일보와 손잡은 2006년 건강박람회는 나흘 동안 6만여 명의 관람객이 찾아와 그야말로 장사진을 이뤘다. 박람회장은 새벽부터 몰린 관람객 행렬이 200m 이상 늘어서기도 했을 정도로 대단한 호응을 얻었다. 164개 기업이 자체 개발한 최신제품을 선보였으며 무엇보다 서울대 등 열한 개 대학병원을 참가시켜 '무료검진코너'를 개설한 것이 관람객의 발걸음을 모은 특효처방이었다. 심지어 부대행사 '한국 최고 명의 15인의 건강강좌'도 400석 강연장을 가득 메웠다.

〈건강박람회〉 발로 뛴 20년사

문영수 대표를 또다시 천당으로 이끈 건강박람회는 (주)한국국제전시의 역사이자 문영수 대표 개인의 역사이기도 하다.

1987년 2월 27일 문영수는 자신의 전시회를 하고 싶어 단돈 500만 원으로 팩스를 구입해 보증금도 없는 월세 사무실을 얻었다. 우리나라 생활수준이 높아지기 시작하던 때라 건강에 대한 관심이 늘면서 특히 건강식품이 막 들어오기 시작할 때였다. 이미 일본에서는 건강산업 전시회가 열리고 있어 일본 자료와 정보를 참고해 (주)한국국제전시 문영수 대표의 이름으로 여는 첫 전시회로 선택했다.

하루 업체 상담건수 목표는 오십 곳, 이제 발로 뛰는 일만 남았다.

가장 먼저 풀어야 할 과제는 바로 성공 전시회 법칙의 첫 번째로 꼽히는 업계 1위를 잡는 일이었다. 일반 식품을 건강이라는 컨셉으로 기획했던 문영수로서는 식품업계 대표격이었던 롯데제과를 반드시 유치해야 했다. 당시 우리나라의 식품 관련 전시는 코트라의 〈식품기술전시회〉가 유일했으며, 롯데 역시 이 전시회에 참가하고 있었다. 아무런 인맥도 없이 전시 담당자와 방문 약속을 잡기 위해 전화부터 했다.

"일단 전시회 자료부터 보내시죠!"

그러나 자금이 없어 변변한 회사소개서, 전시회 카탈로그도 만들지 못했던 형편인지라 일단 얼굴을 보고 이야기하는 것이 상책이라고 판단한 문영수는 무조건 만나서 부딪히기로 했다. 다행히 담당자는 문영수를 문전박대하지 않았다. 기존 전시회와의 차별점을 집중적으로 설명했다.

"과자를 잘 만드는 기술 위주가 아니라 예를 들어 방부제를 넣지 않아 건강에 좋은 과자가 우리 전시회의 컨셉입니다."

담당자가 보내는 수긍하는 듯한 눈빛을 놓치지 않은 문영수는 그날 이후 그야말로 번질나게 드나들길 수십 번, 두 달을 넘길 무렵 전시회 출품 의사를 받아낼 수 있었다. 그때 인연으로 문영수 대표는 롯데 담당자에게 타 기업을 소개받기도 하고 서로 사적인 고민도 털어놓을 만큼 좋은 친구가 되었다.

구두 한 켤레를 선물로 받고

제일제당 담당부서장의 경우는 아예 말도 못 붙이게 했다.

"우린 전시회 참가 안 합니다."

1990년부터 몇 차례 안내문을 보내고 전화하고 방문하기를 수십 번 했지만 전시회에 나쁜 기억이라도 있는지 들어보기도 전에 무조건 거부반응이었다.

문영수는 정면 대결에서 장기전으로 들어갔다.

"안녕하세요? 지나다 들렀습니다."

시내에 나간 참에 들러 전시회 얘기는 일절 안 하고 인사하고 커피나 한 잔 나누기를 어언 2년. 이제 안 보면 서로가 괜스레 궁금할 정도가 되었다. 그러던 어느 날 담당자는 환하게 웃는 얼굴로 문영수를 맞았다.

"문 사장님, 그동안 우리 회사 들어오시느라 아마 구두 몇 켤레는 떨어지셨겠네요. 이제 전시회 이야기 좀 들어봅시다."

문영수의 성실성과 인내심에 감동한 담당자는 전시회에 대한 부정적인 시각을 버리고 서서히 마음의 문을 열기 시작해 드디어 방문 3년째 되던 해 출품을 결정했다. 그리고 담당자는 그동안 수고 많았다며 구두 한 켤레를 건네주었다. 문영수의 전시인생에 있어 잊지 못할 소중한 선물이었다.

회사 초창기에는 업체가 방문을 막는 것도 일이었다. 건강박람회 컨셉과 딱 맞아떨어졌던 풀무원에서는 관련 공문을 받자 곧바로 방문하겠다고 전화가 왔다. 혹시 초라한 사무실 모양새를 보고 변심할까 노심초사한 문영수는 부랴부랴 직접 풀무원으로 들어가 당시 계약금 250만 원을 받아

사무실로 돌아오며 안도의 한숨을 내쉬었다. 그런데 그사이 출품 의사를 밝혔던 다른 업체가 방문했다가 초라한 사무실을 보고는 생각해 보고 결정하겠다며 돌아간 서글픔도 겪어야 했다.

"이놈의 전시회 하지 마시오!"

〈건강산업박람회〉는 이런저런 어려움이 있었지만 업계 1위 롯데 유치에 힘입어 3년쯤 되니 웬만한 관련 기업들이 모두 참여하여 비교적 순탄하게 기반을 다져나갔다. 4년째 되던 1990년, 문영수 대표는 모험을 단행했다. 코엑스에서 하던 박람회를 여의도로 장소를 옮긴 것이다. 어느 정도 기반을 잡았으니 장소를 옮겨도 별 탈 없을 거라는 계산이었다.

그런데 문영수의 계산과 기대는 여지없이 빗나가기 시작했다. 매년 1~2월에 전시를 하다보니 날씨는 춥고 관람객이 하나도 없었다. 이 난국을 어떻게 해야 하나 눈앞이 캄캄해져 가는데, 엎친 데 덮친 격으로 롯데 부회장과 동양제과 임원진이 방문한다는 연락이 들어왔다. 하는 수 없이 여의도 광장에서 자전거와 스케이트를 타는 아이들까지 끌어 모았지만 눈 가리고 아웅 하는 격이었다. 아니나 다를까 당장 철퇴가 떨어졌다.

"이놈의 전시회 하지 마시오!"

당시 여의도 전시장의 임대료는 코엑스의 절반밖에 안 됐다. 새로운 전시회 추진에 대한 열망으로 가득했던 문영수는 돈 좀 벌어보자고 시도한 한 번의 외도로 3년간 닦아온 〈건강산업박람회〉 자체가 흔들리는 고비를 맞아야 했다. 업체들에게 주최사의 실수를 정중히 사과하고 다시 코엑스에서 전시를 여는 것으로 수습해 간신히 고비를 넘겼다.

〈건강산업박람회〉의 절정기는 1993년부터 5~6년간이었다. 건강식품에 대한 관심이 저변화되고 세모가 참여하면서 호황을 누렸다. 세모는 출품료를 1억 5,000만 원이나 냈을 정도로 대규모로 참여했을 뿐 아니라 종교단체이다 보니 관람객을 10만 명이나 동원했다. 이들은 세모 스쿠알렌 제품뿐 아니라 다른 업체 상품들도 많이 구입해 전시회가 연일 장사진을 이뤘다. 그러나 세모로 일어났던 폭풍 같은 성황은 세모의 부도와 함께 수그러질 수밖에 없었다.

이후 기능보조식품협회와 3년을 같이했는데, 갈등이 생겼다. 협회에서 자체 전시회를 만든 것이다. 하는 수 없이 2001년부터 암 예방, 비만·다이어트, 아토피 알레르기 등 건강 분야를 전문적으로 세분화해 새로운 건강박람회를 만들기 시작했다.

1987년 국제전시를 설립할 당시만 해도 전시사업은 정부에서 하는 일이라는 인식이 팽배해 있었다. 문영수는 사업자등록증을 낼 때에도 구청 담당자가 전시사업 자체를 몰라 업종 기재에 애 먹었을 정도였다. 코엑스에서 임대한다고 했으니 부동산업이다, 아니 광고로 하자는 등 갈팡질팡한 끝에 결국 광고 및 대행으로 업종을 기재했었다.

이후 정부가 전시산업에 대해 눈을 뜨기 시작했지만 민간주최사는 제외하고 협회와 단체 위주로 지원을 하다보니 1992년경부터 지금까지 전시산업은 협회, 단체의 영향권에 놓여 있다. 이에 따라 민간업체가 위축되기도 하고, 살아남기 위한 방편으로 전시회가 점점 두서없이 세분화되어 쪼개지고 유사 전시회가 난립하여 흐트러지는 양상을 낳게 되었다.

그 누구보다도 전시산업이 바로 서기를 소망하는 문영수는 자신부터 이래서는 안 되겠다고 여겨 2005년부터 〈국제기능성건강산업박람회〉라는 이름으로 세분화시켰던 건강전들을 다시금 한자리에 모았다. 그리고 조선일보를 새로운 파트너로 영입해 400부스 규모에 건강식품관, 건강증진관, 비만·다이어트관, 아토피친환경관, 암성인병예방관, 어린이건강관을 선보였다. 진정 2006년 오늘을 사는 관람객들이 원하는 것을 제공하는 마케팅프로모션을 전개, 〈건강박람회〉는 제2의 절정기로의 도약을 시작한 것이다.

도대체, 왜 화장품 전시는 안 되는 걸까

생산성본부에서 전시에 대한 이론과 현장경험을 익힌 문영수는 독립 후 기술 분야보다는 생활소비재분야에 중점을 두고 있었다. 생산성본부에서 〈국제의료기기전시회〉, 〈국제사무기기컴퓨터전시회〉 그리고 〈로봇전시회〉 등의 실무를 맡았지만 기술 쪽으로는 아예 생각을 안 했다. 워낙 적성도 기술 쪽은 아니어서 관심이 없었을 뿐만 아니라 관료적인 정치사회 분위기에서 아무 연고도 없이 큰 기업들을 끌어들일 엄두조차 나지 않았던 것이다.

생활수준이 높아가는 시대적 흐름에 따라 첫 전시회로 건강산업 박람회와 함께 화장품에 초점을 맞춘 〈제약화장품의료용구전시회〉를 추진하기로 했다. 건강은 기업체들 반응이 괜찮았던 반면 예상 외로 화장품이 안 따라줬다. 전시회로 꾸며놓으면 볼거리도 되고 여러 가지 측면에서 그럴 듯한 전시회가 될 것임이 분명한데 우선 참가업체 모집이 안 됐다. 주요 타깃은 태평양, 한국화장품, 엘지, 나드리 등 대형업체였다.

엘지에 가면 "태평양 나옵니까?" 태평양에 가면 "조그만 회사들하고 붙어서 우리가 이익 될 게 뭐 있겠어요."

겨우 모아보니 조그만 중소업체 50개가 모여 1987년 첫 회를 치렀다. 그러자 참여업체들은 "왜 대기업이 안 나오느냐?"고 불만이었다.

그래서 2회에는 힘겹게 몇몇 대기업을 참가시켰지만 부스에 아르바이트 미용사원만 배치해 놓고는 홍보나 마케팅 활동을 하지 않았다. 당연히 성과가 좋을 리 없었다. 대기업은 효과가 없다는 이유로 또다시 불참하고, 중견업체들도 대기업이 안 나오니 다음 해에 안 나오고, 대기업들은 서로 견제만하고 정작 출품은 하지 않는 악순환이 계속되었다. 마침내 격년제 개최가 거론되자 문영수는 1991년 5회로 전시회를 마감했다.

2년 후 문영수는 화장품 전시회를 다시 시작하려고 마음먹었다. 외국 에이전트라도 잡아보려 이태리 볼로냐 전시회, 홍콩 전시회를 다녔다. 그런데 역시나 규모가 80부스밖에 안 됐다. 1994년 울며 겨자 먹기로 건강전 옆에 붙여 행사를 치러야 했다.

'정부와 화장품협회를 열심히 다녔는데 도대체 왜 안되는 걸까?'

문영수는 고민에 빠졌다. 하나하나 엉킨 실타래를 풀어가듯 실패원인 분석에 들어갔다.

첫째, 화장품 업계는 모델 잘 쓰고 방송 신문 잡지에 광고만 잘하면 된다는 광고 위주의 마인드를 가지고 있다.

둘째, 타 업계는 전시회 출품여부를 1차 마케팅부, 무역부 등 마케팅차원에서 점검한 뒤 홍보부로 넘긴다. 그러나 화장품업계는 전시회 담당이 처음부터 홍보부다.

셋째, 담당자들은 광고가 책 나오고 방송만 잘 타면 되는 반면 전시는 신경 쓸 것이 많다는 생각을 가지고 있다.

넷째, 화장품 업계 홍보 담당자들이 서로 긴밀한 관계를 갖고 있어 영향력이 강하다.

업계 상황에 대한 철저한 분석이 내려지자 문영수는 다시 뒤로 한발 물러서 때를 기다리기로 했다. 하지만 IMF와 같은 특수상황이면 모를까 누구에게 물어봐도 전시업계 상식으로는 접었던 전시회, 실패한 전시회에 다시 도전한다는 것은 비상식적이고 무모한 도전으로 보였다.

칠전팔기 정신으로 회생시킨 〈서울국제화장품미용박람회〉

국제전시는 2000년 다시 태평양을 끌어들이려는 노력을 시작했다. 때마침 태평양은 창립 60주년을 앞두고 행사를 기획하고 있었고, 대한화장품협회장으로 태평양 서경배 회장이 추대되었다. 일단 태평양을 끌어내보자고 결심한 문영수 대표는 유학파로 마인드가 열려 있다는 서 회장과의 독대로 담판을 짓기로 했다.

"산업 리더인 화장품 업계가 전시회를 하지 않는다는 것은 시대적 흐름을 거스르는 일입니다. 다른 모든 업계에서는 전시회를 중요한 마케팅의 장으로 삼고 있는데, 유독 가장 빨라야 할 화장품업계에 제대로 된 전시회 하나가 없다는 것은 그만큼 후퇴하고 있는 것입니다. 그럼 이러한 상황은 업계 1위인 태평양이 책임과 의무를 다해야 하지 않겠습니까?

광고투자의 1/100만 투자하면 됩니다. 태평양이 나오면 다른 업체들은 따라나오게 되어 있습니다. 태평양이 나와주십시오.”

　시대적 흐름과 학문적 논리, 그리고 업계 1등 기업으로서의 책임감까지 일깨워준 문영수 대표는 마침내 서 회장으로부터 “알겠습니다. 계속 나가겠습니다”라는 답변을 끌어냈다. 비로소 2002년 대한화장품협회와 손잡은 〈서울국제화장품미용박람회〉가 코엑스에서 개최되었다.

　화장품산업이 우리나라 7대 산업 중 하나인 만큼 앞으로 화장품미용 전시회 역시 우리나라 7대 전시회 안에 들게 되리라는 20년 신념을 버리지 않은 덕분이었다. 많은 전시주최자들이 재도전해 벌써 포기했던 화장품미용 전시회를 문영수 대표의 칠전팔기 정신이 회생시킨 것이다.

　2006년으로 5회를 맞은 화장품미용박람회는 400부스 규모로 태평양(아모레퍼시픽), LG생활건강 등 170여 업체가 참여해 손익분기점까지 규모를 키워놓은 상태다. 미국 중국 홍콩 등 세계 7개국 업체를 출품시켰고, 이와 함께 〈제1회 한중일 교류발표회〉를 여는 등 국제 전시회로서의 면모를 하나둘 갖춰가고 있다.

　문영수 대표는 2007년 〈서울국제화장품미용박람회〉에 거는 기대가 크다. 화장품산업과 더불어 8000여 업체에 달하는 미용산업을 더욱 활성화시켜 해외 저명인사의 헤어쇼도 유치할 생각이다. 또 지금까지 외국 화장품업체 출품을 제한해 왔는데 앞으로는 외국 유명업체로도 눈을 돌려 시세이도, 로레알, 웰라 등을 유치하고자 노력하고 있다. 뒤늦게 불붙은 화장품미용박람회 바람, 화장품업계는 물론 전시산업계에서도 귀추가 주목된다.

평생의 원수이자 은인

두 번이나 실패했던 화장품미용박람회를 칠전팔기 도전정신과 끈기로 되살려낸 문영수의 겁 없는 그 힘은 어디서 오는 걸까?

문영수가 전시일을 하게 된 것은 1980년 한국생산성본부 국제협력부에 들어가면서였다. 생산성본부 국제협력부는 상공부가 주관하는 국제회의 등 정부국제행사를 맡고 있었다. 따라서 생산성본부는 미국 전시전문회사 CPI사(추후 영국 CEG와 합쳐짐)와 에이전트를 맺어 CIP 직원이 상주해 국제협력부 직원들에게 전시업무를 교육하고 있었다. 문영수는 전시이론은 미국 CPI 직원으로부터 체계적으로 교육받았고, 현장영업은 이권식 부장에게 배웠다.

"평생 잊지 못할 이름입니다. 얼마나 당했던지…!"

문영수 대표가 전시일에 겁이 없는 이유는 바로 해병대 출신 이권식 부장에게 전수받은 스파르타식 현장교육 덕분이었다. 이 부장은 아래 직원을 혹독하게 부리기로 소문이 자자했던 인물로, 평생직장으로 생산성본부가 최고라 여겨 현대를 그만두고 재입사한 문영수의 전임자 역시 이 부장 등쌀에 사표를 던졌다고 했다. 전시팀원은 이 부장과 문영수 달랑 두 사람뿐. 신입사원 문영수에게 주어진 업무는 하루 100개 업체 전화영업이었으나, 업체 리스트도 따로 없었다.

12시가 되면 점검이 있었다.

"몇 군데 했어요?" "아~ 우리 문영수 씨가 말이나 제대로 하는 줄 모르겠습니다." 다했다고 보고하면, "잘했어. 오후에 또 해봐!" 업체 전화번호

수집부터 전화영업을 하는 것은 괜찮은데 문제는 아침에 전화한 업체에 오후에, 다음날 아침에 또 전화를 하라는 것이었다.

오후에 전화하면 업체에서는 "아침에 통화했잖아요?"라고 묻고, 이내 할 말이 없어 "부장님이 해보라고 해서요"라고 대답했다. 처음에는 이렇게 한심하게 대처하던 문영수도 하다보니 나름대로 요령이 생겼다. 아침에는 "잘 부탁드립니다", 오후에는 "참가해 주셔야겠는데요", 다음날에는 또 다른 내용을 덧붙여서 전화를 했다. 이렇게 같은 업무를 다람쥐 쳇바퀴 돌듯 한 달 동안 계속했다. 그사이사이 영어 공문처리 등의 다른 업무도 계속 시켰기 때문에 퇴근 시간에 맞춰 퇴근한 적이 없었다.

뭔가를 열심히 하는 이 부장을 보며 '이놈 때려 죽여버릴까'라는 생각이 굴뚝처럼 피어올랐다. 저녁 8시가 넘으면 소주나 한잔 하자며 데려가서는 새벽 2~3시까지 술을 마시기 일쑤였다. 한잔 들어가면 손을 꼭 맞잡으며 "문영수 씨 내 믿어서 그런다. 내 이해해라."

업체를 알았다 싶으니까 다음은 업체 방문계획을 올리라고 했다. 처음 업체방문 시에는 함께 나가 상담법 시범을 보여주고 이후에는 혼자 나가라고 했다. 하루에 아무리 열심히 돌아도 당시에는 다섯 곳 이상 못 돌았다. 아침회의가 끝나자마자 출발하여 업체방문을 다녀오면 업체에 일일이 전화해 정말 다녀갔는지 체크할 뿐만 아니라 무슨 말을 했는지까지 확인해서 빼곡히 기록해 놓았던 이권식 부장이었다.

그러던 중 생산성본부에서 전담해 주최하던 공공기관 행사를 하지 말라는 정부의 지시에 따라 국제협력부 전시팀이 해체되게 되자 문영수는 1983년 10월 17일 기회는 이때다 싶어 사표를 썼다. 일부러 말도 안 하고 있다가 통보하듯 내던진 사표였는데, 이 부장이 먼저 능률협회로 가버렸다. 그가 그만둘 줄 알았으면 사표도 안 냈을 텐데, 문영수는 분하기까지 했다.

이렇듯 문영수에게 이권식 부장이란 사람은 악연으로 기억되었지만 그에게서 혹독하게 받은 현장교육은 어려운 고비마다 포기하지 않고 전시일을 계속하게 한 자신감과 힘이 되었다.

특허가 있다면 한국 전시회의 70%는 (주)한국국제전시의 것

생산성본부를 그만둔 문영수는 발명협회 전신인 기술개발진흥회에 입사해 발명 전시회의 원조격인 〈국제신기술신제품전시회〉를 만들어 진행하다 자신의 전시회를 만들고 싶어 1987년 한국국제전시해외연수회로 독립했다. 이 무렵만 해도 동성통상, 경연전람 등 대부분의 전시회사들이 외국회사 에이전트 형식으로 운영되고 있었고 독자적인 민간주최회사는 없었다. 문영수 대표는 몇 안되는 우리나라 전시산업계 1세대 중 한 명이자 순수 민간 전시주최자 1호다.

독립한 지 2년째 되던 해 전시회를 키워가고자 〈가전제품전시회〉를 했는데 잘 안 되어 재정적으르 어려움을 겪고 있던 중 생산성본부에서 부설기관으로 전시사업을 한다며 다시 일해보자는 제의를 받았다. 직원들과 함께 생산성본부에 들어가 전시부장으로 겸직하며 1989년에 〈국제자동화기기전시회〉를 만들어 기반을 잡아주었다. 그런데 생산성본부는 병행하던 한국국제전시를 폐업시키고 건강산업박람회를 가지고 생산성본부로 들어와 전시사업을 하라고 권고했다.

그러나 안정을 위해 모험을 포기할 수 없었다. 다시 제자리로 돌아온 문영수는 1990년부터 기존 전시회뿐 아니라 새로운 전시회를 연이어 기획했다. 1990년부터 1995년 사이 코엑스에서 연간 80개 정도의 전시회가 열렸는데, 당시 한국국제전시는 연평균 12개 전시회를 허가 낼 정도였다. 한국국제전시는 코엑스 다음으로 많은 전시회를 런칭한 회사로도 이름을 날렸다.

요즘에도 이종격투기를 보며 전시회를 구상하는 등 10여 개의 새로운 전시회를 준비하고 있다는 문영수는 독특한 전시, 남들이 상상도 못하는 전시회 개발에 힘써온 자타가 공인하는 아이디어 뱅크다. 아이템 개발을 위해 따로 노력한다기보다는 습관적으로 전시회와 연관되어 아이템이 들어온다고 한다.

EQ가 교육의 지표가 되어야 한다는 말 한마디에 지능개발 전시회를 생각했다. 마침 코엑스에서 지능개발 아이디어로 게임기기 유사 전시회가 있어 위험을 무릅쓰고 국내 최초로 올림픽공원에서 전시회를 했다. 또 '재활용을 하자! 아껴 쓰자!' 는 주부단체 캠페인을 듣고 만든 재활용산업전, 결혼전은 있어도 장례전은 없던 때 화장문화가 정착되어야 한다는 말에 납골전을 기획했다. 당시 한국국제전시가 주최하는 전시회는 거의 대부분 방송사 특집으로 다뤄지는 등 화제를 불러일으켰다.

그 외에도 자동차세차기 도입 초기 자동차정비 및 세차 전시회를 개최하여 히트를 쳤다. 석유 및 가스 관련 전시회도 열었으나 손잡았던 단체들이 떨어져나가 유사 전시회를 만들고 하다보니 결국 손을 놓았다. 또 1992년에 시작한 주류박람회도 워낙 유사전이 많이 생겨 1999년 6회까지 하고 쉬었다가 2003년부터 다시 시작해 궤도에 올려놓은 상태다. 아무튼 전시회에도 특허가 있다면 한국 전시회의 70%는 (주)한국국제전시의 것이라고 문영수 대표는 자부한다.

현재 (주)한국국제전시가 진행하는 전시회는 〈건강박람회〉와 〈서울국제화장품미용박람회〉 외에도 〈국제석재산업전시회〉, 〈서울국제주류박람회〉 그리고 〈서울국제장례문화 및 납골박람회〉 등이 있다.

전시학 이론과 현장실무를 겸비한 교수님

문영수는 1998년부터 한림대 등에서 강의를 맡았다. 문영수 자신도 처음에는 잘 모르고 컨벤션학 강의로 시작했는데, 6개월 만에 깨달았다. 전시장은 유통에 들어감으로 결국 통합 마케팅에서 접근해야 한다는 사실을 알게 된 것이다. 게다가 강의를 할 때 아무리 현장경험이 풍부해도 이론과 학문적으로 살을 붙여야 제대로 된 강의를 할 수 있었다. 해서 전시산업과 가장 근접한 경영학을 뒤늦게 공부하고 《전시학개론》이란 책도 발간했다.

"선진국에 비해 뒤떨어진 전시산업을 발전시키고 전시회가 올바르게 설 수 있도록 보탬이 되기 위해" 1999년 펴낸 《전시학개론》은 서구의 전시학 이론과 함께 현장 스파르타식 훈련으로 다져진 문영수 대표가 직접 보고 듣고 배우고 경험한 것들을 토대로 정리한 전시실무지침서이자 우리나라에서 처음 나온 전시학 전문서적이다.

앞서 문영수는 1992년 우리나라 전시산업의 활성화와 올바른 성장을 위해 〈국제전시신문〉과 〈전시회저널〉을 창간하기도 했다. 또한 2004년에는 전시학회를 만들었다. 현재 대학 전시컨벤션학과에서는 전시학보다는 컨벤션 위주로 강의가 이루어지고 있고, 남의 이론을 답습하는 것이 아니라 시대의 흐름에 맞는 새로운 학문으로 전시학 이론을 만들어나가고자 전시학회를 결성한 것이다. 현재 교수 50명과 일반 업계 인사 45명이 회원으로 가입해 있으며, 2005년 12월에 이어 2006년 5월 국제 학술세미나를 진행했다.

이러한 연유로 문영수는 가끔 어렵고, 후미진 곳에서의 강의 또는 심사위원 등의 요청이 많다. 1998년부터 2003년까지는 전국의 대학, 학원, 기타 특별강의가 있는 곳에 문영수가 첫 테이프를 끊지 않는 곳이 없었으나, 지금은 젊은 교수들의 등장으로 강의는 줄어든 대신 특별한 곳에서의 강의나 심사위원 요청을 계속 받고 있다.

또 중소기업청에서 매년 국내전시회에 지원하는 정부지원금 관련 심사위원장을 2004년부터 2006년까지 연속해 왔고, 여기에 한국 최고의 중재재판원인 대한상사중재원의 중재인으로도 활동하고 있다. 따라서 한국전시학회 회장으로서의 역할은 학회 창설뿐 아니라, 교육, 심사분야, 중재판정 분야에 이르기까지 문영수는 전시산업의 발전을 위해 불철주야 고군분투하고 있다.

도우미 양성 수준에서 바로 서야 하는 교육현장

한때 세계에서 제일 유명한 컴퓨터 전시회로 이름 높았던 미국의 컴텍스가 지난해 막을 내렸다. 변화하는 시대상을 반영하지 못하고 현실에 안주하다 경쟁 전시회에 밀려난 것이었다.

전시회는 키우는 것도 중요하지만 덩치가 커졌을 때의 운영이 더욱 어렵다는 사실을 문영수는 알고 있다. 즉 전시는 시대적 흐름에 맞춰 형태를 계속 변형시켜 발전된 산업으로 이끌어야 하는 마케팅 프로모션이라고 생각하고 있다.

또 전시산업은 "기본 개념이 없는 장사가 아니라 철학과 이론을 만들어가는 업무이자 경영과 예술, 그리고 관세법에 이르기까지 이 모든 것들이 합쳐진 종합적인 장르"라고 말하는 우리나라 전시업계 1세대 주자 문영수 대표. 우리나라 전시업계 1세대는 그런대로 기반을 잡았다지만 2세대부터는 확실한 우리만의 탄탄한 전시회가 좀더 많아져야 한다는 생각을 피력한다. 우리나라에서 제일 큰 전시로 전자 전시회를 꼽는데 사실 효자 노릇은 규모 큰 전시회가 하지만 이런 전시회를 반드시 유망 전시회라고 할 수는 없다고 지적하며 전시회는 고유의 개발상품이어야 함을 강조한다.

이처럼 전시에 관한 학문적 이론에 관해서는 누구보다 정확하고 강하게 자기주장을 내세우는 전시업계 교수인 문영수 대표가 가장 걱정하는 것은 다름 아닌 교육현장이었다.

"세계 무역의 70~80%는 전시회를 통해 이루어진다고 할 수 있는데 아직 우리나라는 제대로 된 전시학을 강의하는 곳이 없고, 학문적 토대가 만들어지지 못한 실정입니다. 전시장이 많이 생겼으나 여기에 필요한 인력을 양성하는 교육현장은 컨벤션 관련 인력양성 수준에 머물러 있다고 할 수 있습니다."

전시업을 천직으로 여기며 경험과 학문 이론을 겸비한 전시업계의 대부로 남고자 노력하는 문영수 대표의 앞으로의 꿈이 있다면 같은 길을 가고자 하는 후배들에게 발로 뛰는 교육을 해보고 싶다는 것이다. 아무리 시대가 변했어도 마케팅은 발로 뛰는 옛날 방법이 최선이며 성공으로 가는 지름길이기 때문이다.

덧붙여 문영수 대표는 초기 전시교육현장이 비틀어져 아직 바로 서지 못하고 있는 안타까운 현실에서도 전시산업계의 진정한 인재로 활동하고자 하는 후배들에게 다음과 같은 준비를 당부한다.

- 학문적 자질(기본 이론) : 어학은 기초가 되어야 한다. 시장과 경영원리를 알게 하는 경영학을 공부하라.
- 성품과 자질(성격) : 기획도 좋지만 현재 기획 분야는 포화 상태다. 따라서 영업능력을 키우려면 외향적으로 발로 뛸 수 있는 활동적인 성격을 길러라.
- 습관적인 전시에 대한 감각 기르기(보는 눈) : 매사 호기심을 가지고 전시회와 관련해 생각하는 습관을 길러라. 광고문구 하나, 방송멘트 한마디, 해외소식 한 가지에도 눈을 뜨고 귀를 기울여라.

뚝심과 끈기로 의료 분야
최고 전시회 키워내

한국 7대 대표브랜드 전시회로 자리잡은 KIMES

2006년 3월 16일부터 4일 동안 우리나라 전시산업의 메카라 할 수 있는 코엑스(COEX)는 드나드는 사람들로 북적거리고 있었다. 〈제22회 국제의료기기 · 의료정보전〉(KIMES 2006)을 보러온 관람객들이었다.

〈KIMES〉는 코엑스 본관 1층에 있는 태평양홀을 비롯해 대서양홀과 인도양홀 전체를 사용할 정도로 규모가 큰 전시회였다. 부스 수로 따지자면 1,500부스에 달했다. 이는 국내 의료 분야 전시회로는 최대 규모이며, 국내에서 열리는 300여 회의 전시회 중 규모 면에서 열 손가락 안에 꼽힐 정도다. 더구나 2005년 정부에서 선정한 7대 대표 브랜드 전시회에 선정되기도 했다.

〈KIMES〉는 국내외 우수한 의료기기 및 병원설비와 의료정보 시스템을 소개하는 전시회다. 이 전시회는 의료기기 국산화 정책에 발맞춰 국내 유수의 제조업체가 참가함으로써 해외 선진사 제품과 비교는 물론 우리 제품의 우수성을 확인하고 수입대체 효과와 수출증대에 기여하는 전시회이기도 하다.

22회째를 맞은 2006년의 전시회에는 국내의료기 제조업체를 비롯해 미국과 독일, 영국 등 33개국 892개사의 1000여 기종 2만여 점의 최첨단 의료기기가 관람객을 맞았다. 그야말로 국내외 첨단 의료기들을 한눈에 확인할 수 있는 자리였다.

이를 관람하기 위해 전시장을 찾은 관람객은 5만 명이 넘었다. 의사와 약사, 병원 관계자와 학계 및 연구기관, 그리고 의료기기제조업체와 판매상, 정부 및 공공기관 관계자들의 발길이 끊이질 않았다. 학생이나 일반인들도 전시장을 찾아 첨단 의료기를 직접 체험하며 건강증진에 많은 관심을 보였다.

국내 관람객뿐 아니라 해외 바이어도 1,500여 명이나 참가해 활발한 수주상담을 벌였다. 이 전시회를 통해 8,000만 달러 이상의 수출상담이 이루어진 것으로 추정되고 있다. 이에 따른 내수 진작효과도 3,800억 원에 달할 것으로 전망되고 있다.

2006년의 전시회에서는 IT기술이 접목된 국내업체들의 의료기기가 전시돼 눈길을 끌었다. 모바일을 통한 의료서비스도 선보였다. 휴대폰으로 혈당을 측정하면 혈당 데이터가 주치의에게 전달되고, 주치의가 데이터를 보고 병원 밖에 있는 환자에게 서비스를 제공하는 의료기기도 있었다. 초음파 검사를 이용해 태아를 촬영한 뒤 휴대폰을 통해 가족에게 전송해 주는 서비스도 방문객들의 발길을 잡았다. 초음파를 이용해 가정이나 병원 등 실내공간에서 목적지를 스스로 찾아가는 휠체어 로봇도 관심을 모았다. 이러한 KIMES는 산업자원부로부터 한국을 대표하는 의료 분야 대표 브랜드 전시회로 선정되었다. 세계 최고의 전시인증기관인 국제전시산업협회(UFI)로부터 UFI Aprove Event로 인증받음으로써 규모나 질적인 면에서도 세계를 대표하는 의료 전시회로 인정을 받기도 했다.

이 전시회를 키워낸 장본인은 한국이앤엑스의 김충진 사장이다. 그가 1978년에 전시업과 인연을 맺은 뒤 오로지 30년 가까운 세월을 전시업이란 한 우물을 파온 결과가 바로 KIMES다.

아르바이트로 전시업과 인연을 맺다

국내 의료 분야의 독보적인 전시회인 〈KIMES〉를 중심으로 한국이앤엑스를 국내 최대 민간 전시주최사로 키워낸 장본인인 김충진 대표는 우연한 기회에 전시업에 발을 들여놓았다가 30년 동안 한 우물을 파온 전시업계의 1세대다.

김충진 대표가 전시업과 인연을 맺은 것은 1978년으로 거슬러 올라간다. 군 전역 후 편입을 준비하던 중 인척인 김충한 한국일보 부사장(현 한국이앤엑스 회장)의 권유로 서울경제신문 전시회사무국(1998년 한국이앤엑스로 독립법인화됨)에서 전시업의 '전' 자도 모르는 상태에서 업무보조를 했다. 정식직원이 아니라 아르바이트로 전시업무와 인연을 맺은 것이다. 그렇지만 그는 현존 전시주최사 대표 중 가장 오랫동안 전시산업을 경험한 산증인이라는 타이틀을 달고 있다.

그가 서울경제신문 전시회사무국에서 아르바이트로 보조한 전시회가 1978년에 처음 열린 〈국제인쇄산업전시회(KIPES)〉였다. 이때는 아르바이트로서 전시회사무국 담당자의 업무를 보조하는 정도로 전시업에 몸을 담았으나 〈KIPES〉가 끝난 후 바로 정식직원이 되어 전시업에 본격적으로 발을 들여놓았다.

"우연한 기회에 업무를 보조하면서 전시회와 인연을 맺었지만 전시회에 많은 매력을 느꼈습니다. 장차 전시산업이 새로운 마케팅 수단으로 각광받을 것이란 생각이 들더군요. 그리고 다양한 사람을 많이 만날 수 있고, 노력의 결과를 짧은 시간에 평가받을 수 있다는 점이 매력이었습니다. 제품은 팔다가 못 팔면 나중에 팔면 되지만 전시업은 성공이나 실패냐가 바로 드러나기 때문이죠."

정식직원으로서 그가 담당한 첫 전시회는 1979년에 열린 제2회 〈공작기계전시회〉였다. 당시 전시장소는 여의도 한국기계공업진흥회 전시회장이었다. 〈공작기계전시회〉는 규모가 꽤 커서 전시장이 넘쳐 주위의 공터를 빌려 텐트를 치고 전시장을 꾸며야 했다.

당시에는 출품 대상업체에 대한 자료나 정보가 별로 없어 기업체총람이나 전화번호부를 뒤져 업체를 물색했다. 관련 업체들이 모두 수록되어 있는 것도 아니어서 한곳을 방문했다가 다른 업체를 알아내 방문하는 식으로 하나씩 발굴해 나갔다.

하지만 업체들이 전시회에 대한 개념을 갖고 있지 않아 어려움이 많았다. 업체를 방문해 전시회 참여를 권유하면 전시회를 어떻게 하는 것이냐고 물어올 정도였다. 그래서 전시장 레이아웃과 부스 디자인을 그려가면

서 설명하고, 업체에서 해야 할 기획서나 예산서까지 뽑아주면서 참가를
권유했다.

그러니 한번 찾아가 참가신청을 받아오기란 하늘의 별따기였다. 처음
에는 담당자를 만나 설명을 하고, 다음에는 부장급을 만나고, 다음에는 임
원을 만나고… 이런 식으로 사장까지 한 업체에 평균 4번을 찾아가 설명
해야 했다. 일단 사장이 긍정적인 반응을 보인다는 것을 알게 되면 직접
사장과 담판을 벌였다.

당시로서는 전시회가 새로운 형태의 마케팅 수단이었기 때문에 사장
들의 관심이 높았다. 하지만 한 번도 경험해 보지 못한 방식이라 선뜻 결
론을 내리지 못하고 망설이는 경우가 허다했다. 그러다가 참가신청 승낙
을 받아냈을 때의 기분이란, 당시로서는 지금의 로또 당첨에 못지않았
다. 그러기에 새로운 영역을 개척한다는 게 어려웠지만 나름대로 재미가
있었다.

전시업체에 대한 홍보도 제대로 되어 있지 않아 웃지 못할 일도 자주 벌
어졌다. 업체를 방문해 한국일보에서 왔다고 하면 신문구독 신청을 권유
하려는 것으로 오인하고 문전박대하기 일쑤였다.

첫 전시회를 마치고 쓰레기 더미만 남아 있는 전시장을 바라보면서 '내
가 1년 동안 저것을 위해서 이렇게 열심히 했나?' 하는 허탈함도 들었다.
하지만 참가업체들로부터 감사의 인사를 받으면 피로가 싹 가셨다. 자신
의 힘으로 엄청난 전시회를 성공적으로 치렀다는 만족도 꽤 컸다. 그때의
만족감이 오늘까지 전시회라는 한 우물을 파오게 한 원동력이었음은 두말
할 나위가 없다.

의료 분야에서 미래를 엿보다

김충진 대표가 전시업에 발을 들여놓아 오늘이 있기까지에는 이끌어주고 기회를 준 두 사람의 조력자가 있었다. 우선 그에게 아르바이트를 권유한 김충한 현 한국이앤엑스 회장, 그리고 서울경제신문 전시회사무국의 일본 파트너 회사의 마사끼(당시 58세)라는 사람이었다.

김충한 회장은 당시 한국일보 동경지사장 겸 일본총괄 본부장으로 동경에서 체류하면서 일본에서 개최되고 있는 전시회들에 대한 비전을 보고, 1976년부터 한국에서 〈섬유산업전시회〉 및 〈공작기계전시회〉를 만들어서 개최하고 있었다. 그런 김충한 회장은 1979년 말부터 김충진(당시 26세)에게 한국일보 전시회사무국(언론통합으로 개칭) 대표로 한국 현지의 모든 것을 일임하고 일본에서 콘트롤하는 형태로 운영했다. 또한 일본의 파트너인 (주)국제이벤트와도 협력체계를 맺어 전시회를 지원했다.

당시에는 국내에서 산업 전시회를 아는 사람이 거의 없었다. 전시회라면 미술 전시회를 떠올릴 정도였다. 산업 전시회 주최자가 준비해야 하는 사항들, 출품사는 어떻게 하며, 왜 전시를 하는지도 몰랐다. 또한 먼저 있던 선임자들이 모두 퇴사를 당했기에 김충진은 일본 파트너인 국제이벤트의 마사끼로부터 전시회의 개념과 전시기법, 주최자가 해야 하는 업무를 배웠다. 김충진에게는 그때 출품사나 협력업체들과 같이 전시방법을 개발하고 조언을 주고받던 경험을 아직도 생생하게 간직하고 있다.

그는 김충한 회장으로부터는 삶의 방식을 배웠고, 마사끼로부터는 전시기법을 배웠기에 이 두 사람을 인생의 위대한 두 스승으로 모시고 있는 것이다.

〈공작기계전시회〉를 성공리에 마무리한 1979년 어느 날 김충한 회장은 마사끼와 차를 마시며 전시회에 대해 이런저런 이야기를 나눴다. 이때 김충한 회장은 새로운 전시회를 만들어 주최해 보고 싶다는 생각을 피력했다. 그러자 마사끼는 일본에서 의료기기산업이 일어나고 있고, 한국도 뒤를 이을 것이므로 이 분야 전시회를 해보자고 제안했다. 가만 생각해 보니 전망이 있어 보였다.

그래서 김충진은 마사끼와 친분이 있던 의학신문사 박선규 회장을 만나 자신의 생각을 말했다. 박선규 회장은 적극 후원하겠다며 어깨를 두드려주었다. 그는 성공을 예감하고 의료 분야 전시회를 주최하기로 마음을 굳혔다. 〈KIMES〉가 잉태되는 순간이었다.

전시회가 성공하려면, 아니 성공이나 실패 이전에 개최를 하려면 관련 업계의 호응을 얻는 것이 필수적이었다. 관련 업체들의 외면 속에서는 전시회를 열어봤자 속빈 강정에 불과할 터였다. 전시회가 성공하려면 관람객이 많이 찾아와야 하지만 그 이전에 참가업체들이 마케팅의 수단으로 유용하다는 인식을 가지고 적극 호응해 주어야 했다. 그래야만 업체들이 적극적으로 참가하게 되고, 바이어나 관람객들에게 좋은 정보와 볼거리를 제공해 줄 수 있었다.

고심을 하던 김충한 회장은 다섯 손가락에 꼽히는 업체를 초청해 간담회를 열어 의료 분야 전시회의 필요성을 설명했다. 내시경 및 광학장비를 수입하는 남북의료기 등 이들 6개사는 일본과 미국으로부터 의료기기를 수입해 판매하는 회사들이었다.

김충한 회장은 초청 간담회 자리에서 전시회가 마케팅 수단으로 매우 유용하다는 것을 설명하고, 김충진은 의료기기 전시회의 필요성을 강조했다. 참석 업체의 관계자들은 그의 설명에 긍정적인 반응을 보였고, 바람직한 전시회가 되기 위해 무엇을 해야 할지 조언도 잊지 않았다.

이후 김충진은 업체를 발굴하기위해 발이 닳도록 쫓아다니며 참가를 권유했다. 참가업체 대부분이 국내 제조업체가 아니라 외국산을 수입해 판매하는 업체들이이서 전시품 반입방법(수입통관 혹은 보세운송)에서부터, 장치공사 방법 등 전시방법을 일일이 가르쳐주어야 했다. 전시 이삼일 전까지 출품을 결정하지 못한 업체가 많아 마음을 졸이기도 했다.

우여곡절 끝에 1980년 6월에 첫 전시회를 열 수 있었다. 첫 전시회는 5개국 56개 업체가 참가한 가운데 여의도 한국기계공업진흥회관에서 열렸다. 5개국 업체가 참가했다고는 하지만 국내업체는 수술대와 침대 등을 생산하는 중외기계와 남북의료기 2개사에 불과했고 대부분이 일본과 외국업체였다.

부스 수도 120부스에 불과해 그전에 그가 주최했던 공작기계 전시회에 비하면 초라하기 그지없었다. 국내에서 처음 열리는 의료 분야 전시회여서 업계와 의료계의 관심은 높았으나 실제로 제품을 구매해야 하는 병·의원의 의사들에게 널리 알려지지 않아 아쉬움이 많았다.

그러나 첫술에 배 부를 수는 없었다. 김충진은 자신이 기획해 주최한 첫 전시회란 점에서 남다른 애착을 느꼈다. 뿐만 아니라 그 장래성을 예감하고 있었다.

김충진은 〈KIMES〉의 기획부터 주최까지 모든 것을 도맡아 진행하면서 전시회의 모는 것을 경험하고 노하우를 축적할 수 있었다. 이 경험은 소중한 자산이 되었고, 오늘의 한국이앤엑스를 있게 한 에너지원이었다.

세상일은 늘 순탄하지 않은 법이다. 성공기업들의 이면을 들여다보면 수많은 난관을 극복한 사례를 어렵지 않게 찾아볼 수 있다. 오르막이 있으면 내리막이 있기 마련이고, 탄로가 있으면 험난한 가시밭길도 있게 마련이었다. 장애요인을 슬기롭게 극복하면 성장을 계속할 수 있고, 또 발전하게 된다.

국내 최대의 의료 분야 전시회로 성장한 〈KIMES〉의 성장가도에도 예외 없이 가시밭길과 암벽이 가로놓여 있었다. 그 첫 장벽은 곧바로 찾아왔다. 첫 〈KIMES〉를 마무리하고 숨돌릴 틈도 없던 2개월 뒤인 1980년 8월에 동성통상에서 비슷한 성격의 〈메디코〉라는 전시회를 개최했다. 또 1982년에는 NOWEA(뒤셀도르프 메쎄의 전신)와 의학협회가 의료 전시회를 개최했다. 막 피어나는 좁은 국내시장을 두고 3개의 전시회가 난립한 것이다.

김충진은 이 상황을 심각한 위기로 인식했다. 기득권이나 우선권을 주장하며 상대에게 따질 상황도 아니었다. 김충진은 고민 끝에 경쟁에서 이기려면 차별화밖에 없다는 결론을 내렸다. 참가업체와 관람객에 대한 서비스를 차별화함으로써 독보적 우위를 점하는 것만이 치열한 경쟁에서 이기는 길이라고 판단한 김충진은 업체가 꼭 필요로 하는 맞춤형 전시회가 되도록 함으로써 차별화를 꾀했다.

다행히 NOWEA는 첫 전시회를 연 후 중단했고, 이후부터 〈KIMES〉와 〈메디코〉가 격년으로 전시회를 주최해 무모한 경쟁을 피했다. 그런데

1985년에 동성통상이 부도를 맞으면서 〈메디코〉도 중단되자 〈KIMES〉는 의료 분야 전시회의 터줏대감으로 자리매김할 수 있었다.

유사 전시회와의 3파전은 오가나이저의 능력으로써 그렇게 넘길 수 있었다. 그런데 최대의 위기는 1980년대 중반에 찾아왔다. 업계와 관람객의 호응을 얻어 전시 규모가 점차 커져가고 국내 의료기기도 속속 개발되고 있었으나 그 속을 들여다보면 심각한 '종양'이 자라고 있었다. 출품업체가 늘기 시작했으나 정작 중요한 바이어인 의사들에 대한 호응을 얻지 못하고 있었던 것이다. '의술은 인술이다'는 의사들의 생각으로 의료기기의 유용성에 대해 관심이 없는 것이 그 원인이었다.

전시회를 지속적으로 발전시키기 위해서는 의사들의 관심이 필수적이었지만 그들로부터 외면을 받는 전시회는 존재 의미가 없었다. 결국 그런 상황이 지속된다면 종양이 암으로 자라듯이 결국 〈KIMES〉의 앞날에 심각한 타격을 줄지도 몰랐다. 〈KIMES〉가 지속적인 성장궤도에 올라서기 위해서는 의사들에 대한 적극적인 유인책이 필요한 시기였다. 이런 상황이 지속된다면 참가업체들이 하나둘씩 떠나게 될 것이고, 결국 전시회가 임종을 맞게 되는 것은 불을 보듯 뻔했다. 김충진은 등골이 서늘해지는 위기감을 느꼈다.

"아! 어떻게 해야 하나? 강제로 뭘 어떻게 할 수도 없고. 당시 이 문제로 무척 고민했습니다. 그러다가 대한의사협회와 공동으로 주최하기로 했습니다."

고민 끝에 찾아낸 묘수는 '평점 시스템'이었다. 대한의사협회와 상의 끝에 의사 종합학술대회를 전시회의 부대행사로 유치하고, 의사들에게 전시회에 참석하면 평점을 주기로 한 것이다. 그야말로 고육지책이었다. 그러나 이 방법도 그리 큰 효과를 거두지 못했다. 전시장 입구에서 참석 여부를 확인하는 도장만 받고, 전시회는 둘러보지도 않고 떠나버리는 의사들이 많았다. 의료인들은 자신의 인술이 최고의 의료행위라는 생각으로 의료기기에 대한 관심이 부족했다. 이런 의사들에게 피동적인 참여(학회 등)방법을 동원했지만 전시회와는 무관하게 진행되었던 것이다. 이 여파로 1987년의 제4회 전시회에 비해 1988년의 제5회 전시회는 규모가 대폭 줄어드는 위기상황을 맞았다.

이런 상황을 돌파하기 위해 김충진은 〈KIMES〉를 B2B 전시회로 전환하기로 했다. 많은 홍보를 통해 의료업계의 분위기를 고조시키는 한편, 관심 없는 의사들보다는 국내의 지방 대리점(지방 병의원 장비 납품업자)과 관심 있는 의료인들에게 적극적으로 전시회 정보(초청장과 리플렛)를 제공해 전시장 분위기를 활성화시켰다.

외환위기, 정면돌파로 극복하다

순항하던 〈KIMES〉에 또다시 위기가 찾아왔다. 1997년 말에 시작된 외환위기를 맞은 것이다. 하지만 이 위기상황은 〈KIMES〉만의 것도 아니었고, 한국이앤엑스만의 것도 아니었으며, 김충진만의 것도 아니었다. 우리나라 산업 전체의 위기상황이었고, 우리 국민 모두의 위기상황이었다.

그러나 운 좋게도 이 위기상황이 〈KIMES〉에게는 오히려 좋은 보약이 되었다. 비록 일시적인 영향으로 1998년에는 참가업체가 전 회에 비해 20% 정도 줄기는 했지만 다른 전시회가 반 토막이 난 것에 비하면 그나마

나은 편이었다.

한국이앤엑스에서 주최하던 다른 전시회인 〈국제인쇄산업전시회〉(KIPES)는 90%, 〈국제방송장비·음향기기전시회〉(KOBA)는 60%, 〈국제플라스틱·고무·세라믹전시회〉(KOPLAS)는 80%나 축소되었다. 〈KIPES〉의 경우 코엑스의 8개관을 임대했는데, 1개 실을 겨우 채울 정도여서 위약금 물면서 나머지 전시장을 반납해야 했다.

그런데 〈KIMES〉는 2년 만에 옛 수준을 회복했고, 그후에도 지속적으로 확대돼 2006년에는 외환위기 이전의 두 배 규모로 커졌다. 이처럼 〈KIMES〉가 외환위기를 극복하고 지속 성장할 수 있었던 것은 이를 정면으로 돌파한 적극적인 투자와 노력이 있었기에 가능했다.

정부는 의료기기 산업을 진흥시키기 위해 1995년에 'MEDIVISION 2000'이란 프로젝트를 추진하면서 국내 의료기 생산업체를 적극 지원했다. 이에 따라 국내 의료기 산업이 활성화되었고, 우수한 제품이 쏟아지기 시작했다. 이러한 때에 외환위기로 인해 환율이 인상되면서 외국산제품의 가격이 급격히 오르자 그동안 국산제품을 쳐다보지도 않던 의료업계가 국산제품에 눈을 돌리기 시작한 것이다. 그러나 '호박이 넝쿨째 굴러온 것만 같은' 이런 호기를 앉아서 기다린다 해서 잡을 수 있는 것은 아니다. 기회를 자신의 것으로 만들려는 적극적인 노력이 필요했다.

한국이앤엑스는 외환위기를 정면 돌파로 극복했다. 어떤 업체에서는 참가업체의 참가비를 대폭 낮춰주거나, 심지어는 무료로 참가시키는 등의 방법으로 전시장을 채우기도 했지만 한국이앤엑스는 원칙을 고수했다. 대신 적극적인 홍보전략을 들고 나왔다. 참가업체에게 이럴 때일수록 홍보를 해야 한다며 참가를 권유하는 한편, 한국이앤엑스도 막대한 비용을 들여가며 전보다 더 적극적으로 전시회를 홍보했다.

1998년 국내 전시주최사로는 처음으로 TV광고를 시작한 것이다. 500 부스에도 미치지 못하는 소규모 전시인데도 TV광고를 통해 전시회를 알림으로써 전시회 홍보는 물론, '열심히 노력하는 회사구나'라는 인식을 심어주었고, 신뢰를 얻을 수 있었다.

이런 노력 덕분에 〈KIMES〉를 찾는 의료업계의 발길도 잦아졌다. 당연히 〈KIMES〉에 출품하는 업체도 늘어났다. 다른 전시회인 〈KIPES〉, 〈KOPLAS〉, 〈KOBA〉도 마찬가지로 적자운영을 하면서 TV 광고를 시작했다. 그러면서 반 토막이 났던 참가업체 수가 다시 회복되어 갔다. 김충진의 우직하지만 원칙을 고수하는 정면돌파 전략이 빛을 발휘하는 순간이었다.

의료기기 산업 발전에 기여했다는 자부심

김충진 대표는 국내 의료기기 생산업체들이 〈KIMES〉 덕분에 회사가 많은 성장을 이뤘다는 말을 자주 듣는다. 그럴 때마다 그는 30년 동안 오직 전시업 외길을 걸어온 것이 결코 후회스럽지 않다. 뿐만 아니라 〈KIMES〉를 통해 우리나라 의료기기 산업 발전에 기여했다는 것에 남다른 자부심과 긍지를 느끼고 있다. 아니 애국을 했다는 생각마저 하고 있다.

"직원들에게 항상 우리는 애국자란 말을 합니다. 우리나라 관련 산업을 활성화시켜 줄 수 있는 가장 중요한 역할을 하는 사람으로서 나라에 애국을 하고 있다는 긍지를 가지라는 뜻이지요."

그가 그런 자부심을 가지는 것도 당연하다. 실제로 〈KIMES〉를 통해 많은 국내업체들이 생겨났고, 그 중에는 우리나라를 대표하는 의료기기 업체로 성장하기도 했다. 초기 한두 부스 규모로 참가하던 업체들이 이제는 수십 개 부스를 임대할 정도의 규모로 커졌고, 수입에 의존하던 제품을 국산화해 수입대체 효과를 거뒀을 뿐만 아니라 외국에 수출까지 하고 있다.

그 예로 초음파 진단기로 유명한 메디슨, 자원메디칼, 한신메디칼 등을 들 수 있다. 자원메디칼의 경우 이탈리아의 엑스레이기를 수입해 판매하는 대리점으로서 1990년에 처음 참가했으나, 현재는 혈압기 및 체지방 측정기를 개발하고 일본에 공장을 두면서 해외에 수출하는 국내 의료기기 선두업체로 성장했다. 부스도 1990년에는 6부스에 불과했으나 2006년에는 22부스로 커졌다.

첫 전시회에는 국내업체로 남북의료기기와 녹십자의료기기 두 군데가 참가했으나 이제는 국내업체가 485개 정도로 늘었다. 2006년 참가업체 845개의 절반이 넘는 수치다. 국내 생산업체가 그야말로 기하급수적으로 증가한 것이다. 여기에 KIMES가 기여했음을 아무도 부인할 수 없을 것이다.

이제는 세계시장을 노린다

수요가 있는 곳에 공급이 있다는 말이 있다. 김충진은 지방 바이어와 관람객의 편의를 도모하고, 숨어 있는 시장을 끌어내기 위해 2002년부터 부산에서 〈KIMES Busan〉을 주최하고 있다. 그리고 2003년에는 치과기기자재전을 서울에서 열기도 했다.

최근 들어 〈KIMES〉는 의료기기를 중심으로 하고, 병원과 관련된 모든 상품을 취급하고 있다. 간호사 유니폼, 병원 리모델링을 위한 코너도 개설했고, 학회를 유치하는 등 산학연 링크작업에도 힘쓰고 있다. 이는 모든 것을 한 자리에서 관람하고 싶어 하는 수요자의 욕구를 충족시켜 주기 위함이다. 또 가정용 의료기기 즉, 헬스 케어가 인기를 끄는 요즘의 세계적인 추세를 반영해 이들 품목을 늘려나가고 있다.

"관심을 끌 수 있는 것, 관람객을 모을 수 있는 방법만 있으면 모든 것을 다 취급하고 싶습니다. 전시회가 지속 성장하려면 최종 수요자, 관람객들에게 무언가를 주어야 합니다. 전시회에 가장 중요한 사람은 관람객이고, 그 사람들이 가장 큰 수혜자가 되어야 합니다. 관람객에게 상품의 정보만을 보여주는 것이 아니라 앞으로의 비전과 대안을 제시할 수 있는 세미나들을 유치하려고 많이 노력하고 있습니다."

김충진 대표는 〈KIMES〉가 성장하게 된 가장 큰 원동력은 자신을 믿고 따라준 직원들에게 있다는 사실을 숨기지 않는다. 직원들의 노력, 능력, 협조, 좋은 아이디어가 큰 힘이 되었다는 것이다. 직원들에 대한 이런 믿음이 있기에 김충진은 〈KIMES〉를 세계적인 전시회로 키우려는 야망도 구체화할 수 있었다.

김충진이 〈KIMES〉의 해외 바이어 유치에 적극 나서게 된 것은 외환위기를 극복한 이후이다. 외환위기 이후에 국산 의료기기에 대한 재평가에 힘입어 〈KIMES〉를 해외 유명 의료 분야 전시회와 비교 평가해본 결과 결코 뒤지지 않는다는 것을 알게 되었기 때문이었다. 그 무렵 〈KIMES〉가 의료 분야 전시회로는 아시아에서 제일 규모가 큰 것으로 알려져 있어 외국

전시회로부터 링크하자는 제의를 심심찮게 받았다. 그랬기에 어디든 자랑스럽게 내놓을 수 있는 전시회란 생각이 들었다.

그래서 〈KIMES〉를 해외 의료 분야 전문지에 적극 홍보했고, 해외전시회에 나가 홍보를 하기도 했다. 특히 의료 분야 세계 최대 전시회인 독일의 메디카에 전시부스를 마련하고 〈KIMES〉를 알리고 있다. 참가업체 모집과 바이어 유치를 위해 일본, 대만, 이탈리아, 베트남, 중국 등지에 대리점을 두고 있기도 하다. 또한 이러한 해외 바이어 유치전뿐 아니라 해외 오가나이저들과 관계를 갖고 오가나이저들간의 협력관계 구축에도 힘을 쏟았다.

이런 노력의 결과 해외전시회에 나가보면 〈KIMES〉 부스를 방문한 사람 중 50% 이상이 〈KIMES〉를 알고 있고, 그 중 30% 정도가 이미 방문한 경험이 있으며, 나머지 30%는 나중에 꼭 참가하고 싶다고 할 정도였다. 이러한 숫자는 늘고 있는 상태다.

해외 출품업체들도 처음에는 긴가민가하면서 〈KIMES〉에 참가했으나 이제는 그 성과를 확신하고 적극 참가하고 있다. 더구나 출품업체로 참가했다가 국내제품의 우수성을 확인하고는 거꾸로 바이어가 되어 국내제품을 수입해 되팔아 재미를 보는 경우도 있다.

〈KIMES〉는 국내 의료 분야 전시시장에서 독보적인 위치를 구축하고 있다. 그러나 국내시장이 성숙단계에 와 있어 더 이상의 성장을 기대하기 어렵다는 한계가 도사리고 있다. 이런 상황에서 〈KIMES〉가 지속적으로 성장궤도를 달리기 위해서는 해외시장으로 눈을 돌릴 수밖에 없다는 점을 김충진은 잘 알고 있다. 해외 바이어를 더 많이 〈KIMES〉로 끌어들여야 한다는 당위성이 힘을 얻을 수밖에 없다.

그가 눈길을 보내고 있는 곳은 아시아 지역이다. 미국이나 유럽시장도 크지만 그곳은 이미 선진화되어 있어 그곳을 뚫는다는 것은 무리라고 보고 서남아시아와 동남아시아를 목표로 시장 공략에 나서고 있다. 인도네시아를 가시권에 두고 있고, 베트남을 비롯해 태국, 말레이시아, 인도, 방글라데시아를 정조준하고 있다. 그리고 또 하나의 목표 타깃으로 잡은 곳은 중동의 두바이다. 세계적으로 가장 발전하고 있는 두바이는 아프리카와 중동을 아우르는 교역시장으로 급부상하고 있다. 이곳의 바이어를 끌어들인다면 〈KIMES〉의 미래는 매우 달라질 것이라고 김충진은 자신하고 있다.

죽어가는 전시회도 살려내고

독자 개발한 전시회만 고집해 온 김충진에게 있어서 1991년에 처음 주최한 〈KOBA〉는 남다른 전시회로 기억된다. 원래 이 전시회는 〈SIBTA〉라 해서 방송 · 영상 · 통신 · 음향 · 영화 · 조명 분야를 아우르는 전시회였다.

이 전시회는 김충진이 평소 알고 지내던 조규형 회장이 주최해 오던 전시회였다. 88서울올림픽을 앞두고 방송국의 장비수요가 폭발적으로 늘어나 성황을 이뤘으나 서울올림픽이 끝나고 난 후에는 방송장비 수요가 급격히 감소해 전시회가 위축되자 개인적으로 친분이 있던 전 전시주최자가 김충진에게 인수를 제의했던 것이다.

전시주최자에게는 자신이 만든 전시회가 자식이나 다름없다고 한다. 그랬기에 그 사람은 자신이 키워온 전시회가 가만 앉아서 고사되는 것은 자식을 잃는 것과 진배없었으리라. 그래서 잘 키워줄 사람을 물색했고, 김충진을 떠올렸던 것이리라.

전시회 인수 제의에 김충진은 잠시 망설였으나 다른 사람보다 잘 운영할 것 같아서라는 그 사람의 간곡한 청을 거절하지 못하고 인수했다. 김충진으로서도 그 전시회를 인수한다면 새로운 분야의 전시회로 발을 넓힐 수 있는 기회가 될 수도 있었다. 이에 김충진은 새로운 전시 아이템 확보 차원에서 이를 인수했다(당시 전시 부스는 70부스 규모였다).

김충진은 〈SIBTA〉를 인수한 후 방송장비와 음향기기 전문 전시회로 아이템을 축소시켜 대대적으로 리모델링해 〈KOBA〉를 재탄생시켰다. 여섯 개의 분야보다는 시장전망이 밝은 분야로 특화해야 살아남을 수 있다고 보았던 것이다. 그런 다음 김충진은 전시회 살리기에 나섰다. 여타 전시회도 그러하지만 관련 분야 협회나 단체의 힘을 등에 업을 수 있다면 걸음마가 더 쉬울 수도 있었다. 그래서 방송기술인협회와 손잡았다.

그런데 운이 많이 따랐다. 1993년에 케이블 방송이 시작되고, 방송의 디지털화, 고화질 디지털방송, 최근에는 DMB 등 새로운 방송설비 수요가 계속 창출되면서 규모가 커진 것이다. 인수할 당시에는 이런 호재가 앞에 놓여 있으리라고는 짐작도 하지 못했다. 인수 당시 첫해 100부스에도 못 미치던 이 전시회는 현재 1,100부스 규모로 알차게 성장했다.

"남이 하고 있는 전시회는 가능한 한 하지 않으려고 했습니다. 제가 하고 있던 전시회의 유사 전시회가 생겨나 어려움과 마음의 고생을 많이 겪기도 했으니까요."

김충진은 이 전시회의 앞날을 밝게 보고 있다. 우리나라가 다른 나라에 비해 넘버원을 선호하는 경향이 있는데 우리나라의 통신·음향 시장이 세

계 어느 나라보다 디지털화와 첨단화를 추구하기에 성장 가능성이 무한하
다는 것이다.

✴✴ ✴✴ ✴✴

업계 1위보다는 자랑스런 선배로 남고 싶어

의대 편입 준비를 하다가 우연한 기회에 전시회를 접했고, '이 길이 나의
길이구나' 하는 생각에 전시업에 뛰어들었다는 김충진 대표. '전시회는
내 생의 전부'라고 스스럼없이 말하는 그는 애국한다는 자부심으로 30년
을 전시업에 매달려왔단다.

그랬기에 한국일보로부터 정식입사 스카웃 제의를 받기도 했지만 전시
업이 좋아 사양하기도 했다. 오로지 자신의 길을 묵묵히 걸어가는 우직한
황소와 같은 인상을 풍기는 김충진 다운 면모를 엿보게 하는 대목이다.

김충진은 〈KIMES〉와 함께 한국이앤엑스를 빛내는 4대 전시회
〈KIPES〉, 〈KOPLAS〉, 〈KOBA〉를 훌륭하게 가꿔 한국이앤엑스를 국내 최
대의 민간 전시주최사로 키워냈다. 연간 전시 부스가 4000여 부스에 달해
규모 면에서는 국내 민간 전시주최사 중 최대로 평가받고 있다.

김충진은 한국이앤엑스가 업계 1위라는 표현을 달가워하지 않는다. 부
스가 많고 적으면 어떻고, 수익이 많고 적다는 것이 뭐 그리 대수냐는 투
다. 오로지 그 산업 분야에서 필요로 하고, 산업발전에 도움이 된다면 100
부스든 1,000부스든 다 가치가 있다는 것이다. 오직 그런 정신으로 전시
회를 개발하고 주최해 왔기에 업계 1위는 그리 대수로운 게 아니라고 강
조해 말한다.

김충진은 항상 한국이앤엑스 김충한 회장을 비롯한 직원들에게 감사하

다고 한다. 그들과 "동료이기 이전에 가족이 되고 싶고, 그들 때문에 내가 존재한다는 생각이 든다"면서 그들의 배려와 노력에 감사하며, 그들과 함께 하고 싶다고 한다.

그의 작은 소망이 있다면•우리나라 전시산업의 초석을 놓는 데 '김충진' 이라는 사람이 한국 전시산업에 조금이나마 기여했다는 말을 듣는 것일 뿐이라는 것이다. 그런 취지에서 그는 우리나라 전시산업 발전에 미력한 힘이나마 보태기 위해 한국전시업협동조합 결성을 주도했고, 초대, 2대 이사장을 맡으면서 전시산업이라는 새로운 업태를 만들었다. 또한 업계의 화합을 위해 노력하기도 했다. 불모지에서 한국 전시산업의 새로운 장을 열기 위해 조합을 결성하고, 역할이 생기면서 정부와의 조율로 한국전시산업진흥회도 설립했다. 이후 조합을 협회로 전환할 필요가 있어 한국전시주최자협회를 만들면서 자신의 힘을 모았던 한국전시업협동조합을 해체시켰다.

끝으로 김충진은 "필요로 하는 사람이 되고, 필요로 하는 한국이앤엑스가 되기 위해 노력한다"는 말을 잊지 않았다.

한국적 생활문화
디자인 진흥에 쏟은 고집과 집념

2003년 3월 19일, 〈서울리빙디자인페어〉 개막을 앞둔 코엑스 전시장은 참가업체들의 부스 꾸미기가 한창이었다. 이때 깐깐해 보이는 외모의 50대 초반 여성이 전시장 안으로 들어섰다. 그녀를 따르는 직원들의 얼굴에 긴장감이 돌았다. 내무 검열을 받는 군부대 막사 분위기를 연상케 했다.

전시장 이곳저곳을 돌며 살피던 중년 여성이 언짢은 표정을 지으며 발걸음을 멈췄다. 유리창닦이 기구들을 판매하는 업체 부스 앞이었다. 참가업체는 부스 공사를 마무리하고 물건들을 정리하느라 바쁘게 움직이고 있었다. 그들 앞에 선 중년 여성이 안내를 맡은 30대 중반의 여성에게 던진 단호한 한마디.

"신 부장, 이 부스 빼!"

전시장을 다 채웠다는 뿌듯함으로 안내하고 있던 신승원 부장은 청천 벽력과도 같은 이 한마디에 가슴이 철렁 내려앉았다. 뒤따르던 직원들은 물론이고 참가업체 관계자들도 자신의 귀를 의심했다. 눈앞이 노래진 신 승원 부장은 애가 탔다.

"사장님, 내일이 개막일입니다."

그러나 중년의 여성은 싸늘해진 분위기는 아랑곳하지 않고 이내 다른 곳으로 발걸음을 옮겼다. 이 50대 여성이 바로 〈서울리빙디자인페어〉를 주최하는 디자인하우스의 이영혜 사장이다.

"이 부스 빼!"

이영혜 사장 하면, 디자인에 조금만 관심이 있다면 한번쯤 이름을 들어봤 을, 디자인업계에서는 신화와 같은 존재이자 잡지계에서는 대단한 여걸 로 불린다. 홍익대 응용미술학과 출신으로 1977년 디자인하우스의 전신 인 〈월간 디자인〉 기자로 입사한 직후 〈월간 디자인〉이 재정난으로 폐간 위기를 맞자 결혼 밑천으로 이를 인수했다.

이후 1987년에 일반 대중들에게 가장 많이 알려진 잡지 〈행복이가득한 집〉을 창간해 모아두고 싶은 잡지, 일명 '행가집' 마니아를 만들어냈다. 2005년부터 사업영역을 넓혀 웅진씽크빅의 잡지 사업부를 인수해 웨딩과 육아 쪽 잡지사업도 전개하는가 하면 2006년 3월에는 세계 최대 남성지인 〈맨즈헬스(Men's health)〉 국내판을 창간하기도 했다.

창립 30주년을 맞는 디자인하우스는 현재 8개의 잡지를 발행하고 있으며, 독특하고 세련된 디자인하우스만의 향기가 있는 책을 내는 회사로 알려져 있다. 잡지 출판업계에서 일하고 싶은 젊은이들과 같은 업계 사람들에게도 디자인하우스는 들어가고 싶은 곳, 선망의 대상이기도 하다.

먹고 사는 것도 버거웠던 30년 전 그때, 미래의 산업경쟁력은 '디자인'이라는 확신이 있었다는 이영혜 사장. 디자인하우스의 분위기와 명성만큼이나 이영혜 사장의 존재는 신화가 되고 있다. 1980년 서슬 퍼런 신군부의 언론통폐합 조치에 맞서 항의 편지를 보내 잡지를 복간시킨 장본인으로서 그녀의 디자인에 대한 열정과 전문성은 국내를 넘어 세계시장에서도 인정받고 있다. 2000년에 국내 잡지업계 최초로 독일 굴지의 미디어사인 부르다(Burda)사와 조인트벤처를 구성하여 글로벌 기업으로서의 발전기반을 확보하고, '디자인, 문화, 예술'을 통해 삶의 질을 높이고자 하는 국내 최고의 콘텐츠 미디어 그룹으로 디자인하우스를 거듭나게 하기도 했다.

잡지와 더불어 '디자인, 문화, 예술을 통해 삶의 질을 높이고자 하는' 디자인하우스의 〈서울리빙디자인페어〉에 유리창 닦는 제품이 생활명품으로 자리를 잡고 있다는 것이 이영혜 사장에게는 용납될 수 없었으리라. 직원들의 얼굴은 점점 사색이 되어갔지만 이영혜 사장은 개의치 않았다. 전시장을 꼼꼼하게 돌아보며 전시회의 성격과 잘 맞지 않거나 격이 떨어지는 업체를 하나하나 집어내 부스 철수를 지시했다.

"사장님, 이미 부스 설치가 다 끝났는데 빼라고 하면 소송을 당할 수도 있습니다."

"출품비 다 돌려주고 부스 인테리어 비용도 돌려주면 되잖아."

이영혜 사장의 태도는 단호했다. 신승원 부장도 더 이상 이영혜 사장의 뜻을 거스를 수 없었다. 퇴출 대상업체를 설득할 일을 생각하니 눈앞이 아득했다. 그러면서도 '아! 이렇게 했기 때문에 이 전시회를 성공적으로 끌어왔구나. 이런 흔들리지 않는 의지가 있었기에 〈서울리빙디자인페어〉가 전시문화를 한 단계 끌어올릴 수 있었구나' 하는 생각이 들며 존경심이 일었다.

퇴출 명령이 떨어지자 못 나가겠다고 거칠게 항의하는 업체들에게 먼저 무조건 싹싹 빌고, 그날 밤으로 바로 돈을 돌려주어 뒤탈이 없게 했다. 그나마 이 정도 선에서 처리할 수 있었던 것은 참가업체 설명회 때부터 이런저런 경우는 쫓겨난다고 사전통지를 했기 때문이었다. 빈 공간은 이웃 브랜드에게 공짜로 사용하도록 하거나 그래도 남은 공간은 막아버려야 했다. 이영혜 사장이 한바탕 광풍을 일으키며 지나간 후의 2003년 〈서울리빙디자인페어〉 전야제는 진땀나는 밤이 되었다.

"규모를 두 배로 키워라"

1994년에 시작된 〈서울리빙디자인페어〉는 2003년부터 규모를 두 배로 키웠다. 코엑스 태평양관만 쓰다가 대서양관을 추가로 확보해야 할 정도로 갑자기 규모를 늘린 것이다. 이는 시장의 흐름을 반영한 결과였다. 해를 거듭할수록 〈서울리빙디자인페어〉의 효과가 검증되고 있었고, 전시산업의 볼륨도 커지고 있었다. 무엇보다 삶의 질적 가치를 추구하는 경향이 강해지면서 새롭고 다양한 제품이 등장함에 따라 2년 이상 출품을 원하는 브랜드들이 늘어가는 상황이었다.

이에 따라 디자인하우스는 〈서울리빙디자인페어〉의 규모를 키우면서 품질을 떨어뜨리지 않고 전시회를 이끌 수 있는 전문가가 필요했다. 다른 곳에서 비주얼 마케팅을 하고 있던 신승원 부장이 전격 스카웃되었다.

전시회의 규모를 두 배로 늘려보라는 이영혜 사장의 주문에 신승원 부장이 다소 자신 없어 하자 이영혜 사장은 전권을 맡기며 이렇게 말했다고 한다.

"위기가 아니고 기회일 수도 있다. 필요한 시스템은 충분히 지원해 줄 테니 하고 싶은 대로 마음껏 해보게."

2002년까지는 이영혜 사장이 컨셉과 업체 선정은 물론, 직접 영업까지 할 정도로 애착을 가지고 전시회의 모든 것을 총괄운영해 왔었다. 그런데 2003년 전시회부터는 규모를 두 배로 늘림과 동시에 신승원 부장이 중심이 되어 컨셉도 트렌드도 실무진들이 잡아나가도록 방침을 바꾼 것이다. 이영혜 사장의 또 하나의 도전이 시작되었다.

전시회 규모를 키우기 위해서는 우선 기존 품목을 확대하는 것에 그치지 않고 무엇보다 새로운 품목을 개발하는 것이 관건이었다. 그동안은 큰소리 쳐가며 영업할 수 있었지만 두 배로 늘어난 부스를 채우기 위한 영업은 쉬울 수 없었다. 엑스포 매니저를 중심으로 한 전시관리시스템을 도입하고, 짧은 시간에 영업을 하기 위해 〈행복이가득한집〉 내에 개인 홈피 수준이었던 〈서울리빙디자인페어〉의 홈페이지를 독립시켜 제대로 만들었다. 또 브랜드를 카테고리별로 엄격하게 구분했다.

규모를 확대한다는 핑계로 전시회의 눈높이가 낮아지면 큰일이었다. 규모만 커졌지 볼 게 없다는 말을 듣지 않기 위해서는 무엇보다 주최자와 참여업체들이 열심히 준비해야 했다. 참여업체들의 관심과 의욕, 수준을 높이는 것도 전시회 주최자인 디자인하우스 기획사업부 몫이었다. 특별행사 등을 기획해 준비하면서 입수된 해외 최신정보들을 이용해 업체 교육을 시킨 것이다. 서비스 차원의 트렌드 설명회와 참가업체 대상의 전시방법 설명회를 진행했다. 업체 간의 경쟁심도 부추기며 서로 배워가며 성장할 때 전시회의 품질을 꾸준히 살려나갈 수 있는 가장 큰 힘이 될 수 있다는 믿음 때문이었다.

그리고 또 한 가지 2003년부터 새롭게 시도한 것이 디자이너 브랜드였다. 디자인 경쟁력이 상당히 높은 우리나라 디자이너들이 자신의 이름을 건 브랜드를 가지고 공방과 벤처 형태로 많이 나오고 있어 이들을 키워주고 관람객들에게는 새로운 것을 보여주고자 마련한 아이템이었다.

처음부터 정식 부스를 주는 것이 아니라 브랜드들을 테스트마켓 식으로 전시회 때 선보이게 하거나 디자인하우스의 매체를 통해 새로운 디자인 프로덕트를 선보이게 하는 방법을 동원했다. 디자이너 브랜드를 많이 확장해 좀더 신선하고 젊고 뭔가 새로운 것을 시도하며 트렌드를 만들어가는 전시회라는 것을 보여주고 싶었던 것이다.

그리고 프랑스의 메종 오브제나 밀라노의 가구디자인 전시회가 젊은 디자이너를 많이 성장시키는 것처럼 〈서울리빙디자인페어〉도 우리의 젊은 디자이너들이 경험을 쌓고 비즈니스적으로 경쟁력을 갖출 수 있도록 기꺼이 문을 연 것이다. 전시회와 함께 다양한 매체를 갖고 있는 디자인하우스로서 젊은 디자이너들에게 이 같은 기회를 마땅히 제공해야 한다는 책임감이 짙게 묻어나는 대목이다.

그동안 관람객이 6만 명 선이었으나 2003년에는 8만 명 정도가 다녀갔다. 규모 있는 브랜드들은 다 들어와 참여업체 수준도 상당히 높았고, 품목도 다양해졌다. 그러자 업체들은 벤치마킹할 수 있는 기회가 많아졌다며 반가워했다. 두 배로 규모가 커진 2003년 〈서울리빙디자인페어〉는 외형뿐 아니라 내실 있는 전시회로써 성공이란 두 글자를 거머쥘 수 있었다.

"새로운 브랜드를 잡아라"

홈인테리어 중심에서 주거문화로 전시 컨셉트와 규모를 확대하며 디지털 홈, 조명, 주방 등 다양한 주거문화의 트렌드를 카테고리화해 선보이기로 한 2003년 〈서울리빙디자인페어〉. 리빙문화로서의 디지털 홈이 과연 가능할까? 리빙디자인페어에 웬 주방? 이러한 고정관념을 깨뜨리며 새로운 문화를 만들어가는 전시회가 되려면 수준 있는 새로운 브랜드를 유치해야 했다.

그 타깃의 하나가 디지털가전이었다. 디지털가전은 전자전에 주로 나가던 브랜드여서 전자전이 아닌 생활문화 전시회로 어떻게 끌어들이느냐가 큰 화두였다. 주거문화라는 큰 카테고리 속에 다양한 요소를 배치할 수 있다는 것을 인식시켜야 했다.

이러한 디자인하우스의 전략에 맞아 떨어진 업체가 일본의 세계적 전자회사인 소니였다. 소니를 끌어들이기 위해 트렌드와 생활문화라는 것을 제시했다. 소니는 명품이라는 일반적인 접근에서 벗어나 웰빙을 추구하는 문화의 리더로서의 접근을 유도했다. 플레이스테이션을 통해 음악을 즐기듯 사람의 감정을 컨트롤 할 수 있는 디지털가전 문화임을 제시한 것이다.

뿐만 아니라 〈서울리빙디자인페어〉가 일반 구매와 B2B를 모두를 충족

시킬 수 있는 세계 유일의 전시라는 것을 내세움으로써 소니를 움직이게
할 수 있었다. 디자인하우스의 의도가 때마침 프로모션 기회를 찾고 있던
소니와 잘 맞아떨어지는 운도 따라주었다.

〈서울리빙디자인페어〉는 소니에게 디자인 컨셉으로 디자이너 초이스
라는 특별전 형태를 제시했다. 국내의 잘나가는 디자이너들과 소니, 그리
고 미국활엽수수출협회(AHEC)를 접목시켰다. '디지털가전과 하드웨어(하
드 우드)'를 주제로 디지털가전과 우드, 인공과 자연이라는 상반된 소재를
절묘하게 결합시키고자 했다. 이것이 2003년 전시회에서 뜨거운 반응을
얻어내자 이후 소니는 자진해서 단독관으로 나오기 시작했다.

미국활엽수수출협회의 경우는 2002년까지는 경쟁 전시회라 할 수 있는
〈경향하우징페어〉에 목재를 전시하는 정도로 출품하고 있었다. 이 협회는
미국의 다양한 수종을 활용해 건축재로 쓰도록 홍보하는 단체였다. 디자
인하우스는 그들에게 일침을 가했다.

"소극적인 홍보만 하지 말고 이슈가 되도록 해라. 우리가 그렇게 해주
겠다."

그 결과 미국활엽수수출협회도 〈서울리빙디자인페어〉에 새로운 컨셉
으로 발을 들여놓았다. 이에 따라 디자이너의 손끝을 통해 미국의 나무들
이 소니의 가전제품과 조화를 이뤄냈다. 목재를 가공한 건축자재를 이용
해 장식품, 구조재, 오브제로 활용하는 방식으로 주제를 풀어냈다.

미국활엽수수출협회 역시 2003년 전시회에 매우 만족해 했다. 2004년
부터 단독관으로 24개 부스를 사용하며 그들의 1년 홍보예산의 80%를 쓰
고 있을 정도로 〈서울리빙디자인페어〉에 집중하고 있다. 그런데 2004년
에는 자체적으로 자신들의 부스를 가구 갤러리 식으로 꾸몄는데, 반응이

신통치 않자 2005년부터는 디자인하우스에 매년 이슈를 만들어달라고 요청할 정도다.

그래서 2006년에는 '조지 나카시마' 전으로 컨셉을 잡았다. 조지 나카시마는 일본의 유명한 가구 디자이너지만 록펠러 재단, 필라델피아 뮤지엄 등에 그의 작품이 소장되어 있을 만큼 미국에서 미국 나무를 이용해 왕성한 작품을 만들었다는 것에 착안해 이슈화시켜 주었다. 그리고 전시관 아트디렉터는 국내 최고의 디자이너인 마영범이 맡았다.

리빙 디자인의 새 지평을 열기 위해 시작

1994년 첫 전시회를 연 〈서울리빙디자인페어〉는 〈행복이가득한집〉 독자들에 대한 서비스 차원의 정보성 전시회로 시작되었다. 매월 〈행복이 가득한 집〉에 신제품 정보를 비롯해 참신한 디자이너들이 제안하는 공간 등을 기획해 게재했다. 그러다보니 디자이너와 제품 등에 관한 전화문의가 업무를 못 볼 만큼 쇄도했다. 그래서 오프라인으로 소비자에게 보여줄 수 있는 기회를 만들어주자는 생각에서 전시회를 기획하게 된 것이다.

그렇기 때문에 산업전시인 B2B 형태가 아니라 퍼블릭 전시인 B2C 개념으로 시작됐으나 2005년을 기점으로 B2B와 B2C가 각각 절반을 차지하는, 세계에서도 보기 드문 형태의 전시회로 자리잡게 되었다.

첫 회는 216부스의 59개 업체가 참여했고 처음부터 반응은 대단해 6만 명의 관람객이 몰려들었다. 생활수준이 높아지면서 삶의 공간을 문화적 예술적 가치의 공간으로 만들고 싶은 욕구와 새로운 생활문화에 대한 정보를 갈망했기 때문이다.

〈서울리빙디자인페어〉는 시작 당시부터 코엑스와 공동으로 주최하고 있다. 디자인하우스가 기획과 영업을 비롯해 실질적인 전시회 진행을 모두 도맡고 코엑스는 행사기간 동안 현장운영과 서비스, 장소제공, 그리고 공동브랜드에 대한 권리 부분에만 참여하고 있다. 이영혜 사장은 B2B 전시로 성장할 것을 내다보고 코엑스와 손을 잡았다. 사실 B2B로 키워가며 국제적인 전시로 만들려면 서로 지원해 줄 수 있는 코엑스 같은 파트너가 있다는 것이 굉장히 큰 장점으로 작용한다는 것을 알았기 때문이었다.

1997년 말에 불어닥친 IMF 외환위기는 잘나가던 〈서울리빙디자인페어〉에게도 가장 큰 위기였다. 고민 끝에 코엑스와 합의해 1998년 전시회는 쉬기로 했다. 그러나 외환위기 여파가 가중되는 상황에서 전시회를 꾸려나가기 위해서는 주요 타깃과 방향성을 제고해야 했다. 먹고사는 기본적인 삶 외에 장식적이고 부가가치적인 삶에 대한 많은 부분을 포기하는 상황에서 전시회의 수준을 낮추는 방향도 생각해 볼 수 있었다. 그러나 이영혜 사장은 흔들리지 않고 전시회의 품질과 수준을 하이엔드로 맞춰나갔다. 오히려 더욱 철저하게 일정 수준 이상으로 업체를 선정했으며, 개성 있는 디자이너 브랜드 위주로 초점을 맞춰나갔다.

시대적 상황에도 마케팅과 영업에도 양보와 타협은 없었다. 전시회를 시작했던 초심과 색깔이 바래지 않도록 오직 전시회의 품질과 수준을 그대로 유지한 이영혜 사장의 의지가 바로 IMF 외환위기라는 큰 장벽을 넘어 10여 년을 성공 전시회로 자리를 굳히게 한 '샘이 깊은 물'이었던 것이다.

차별화 전략 1-스폰서관

〈서울리빙디자인페어〉가 성공할 수 있었던 것은 이영혜 사장의 강력한 의지가 뒷받침되기도 했지만 차별화된 전략을 꾸준히 추구했기 때문이라 할 수 있다.

전시회의 차별화된 전략 중의 하나가 건설회사와 함께 하는 스폰서관이라 할 수 있다. 이는 전시회와 건설사와의 환상의 윈윈 전략 중 하나다. 전시회는 건설사가 잡아준 주거공간 안에 가구를 비롯한 온갖 국내 인테리어 제품들과 수입아이템 모두를 활용해 토털 코디네이션을 함으로써 리빙문화를 총체적으로 형상화시킬 수 있었다. 건설사는 또 전시회를 통해 자사의 이미지를 구체화시켜 품격 있게 끌어올릴 수 있는 적극적인 프로모션 기회로 삼았다.

1994년 첫 전시회부터 2000년까지 대우건설이 스폰서로 참여했다. 당시 대우건설은 〈행복이가득한집〉의 '집 고쳐 줍니다'란 독자대상 서비스 프로그램을 같이하면서 서울역사 앞에 주택문화관을 지을 정도로 앞선 트렌드를 갖고 있었다. 지금의 모델하우스와 같은 개념으로 당시로서는 이런 것을 갖고 있는 건설회사가 거의 없었다. 외환위기와 대우그룹의 해체라는 위기상황 속에서도 탄탄하게 파트너십을 맺었다.

2001년에는 건축 신소재를 다루는 트렌드 브랜드라는 코드가 맞아 LG데코빌과 인연을 맺어 2002년까지 두 해 동안 같이했다. 그러나 고급아이템과 트렌드를 흡수할 수 있는 규모가 아니어서 서로 마이너스 요인들이 발생했다.

2003년 전시회 규모를 두 배로 키우면서 LG건설(현 GS건설)로 바꾸어 2005년까지 3회를 같이했고, 2006년부터는 생활가전을 취급하는 디지털 홈 브랜드이며 건설업계 진출을 앞둔 웅진과 손을 잡았다.

LG건설과는 3회 동안 아주 좋은 트렌드 포럼을 했다. LG건설로서는 '자이'라는 아파트 브랜드를 런칭하고 프로모션을 많이 해야 할 입장이었다. 때문에 넬리로디라는 프랑스의 세계적 트렌드 디자이너를 통해 트렌드 포럼 형태로 스폰서관을 꾸밀 것을 제안했다. LG건설이 국내 제일의 트렌드 리더 기업이라는 것을 알리려면 세계에서 제일 잘 나가는 트렌드 디자이너가 LG건설에 어울리는 한국적 트렌드 포럼을 보여주는 것이 가장 빠른 길이라는 것을 주지시켰다.

전체 외형은 LG건설관이고, 블랙&화이트, 숨쉬는 공간과 주거공간이라는 개념으로 나누어 전시회에 들어와 있는 소품들을 이용해 전시회 전체 트렌드를 보여주는 것으로 꾸몄다. 트렌드 포럼을 통해 초현실 사실주의라는 예술적 감각을 주거공간에 녹여 일반인들에게 이미지마케팅을 하자고 한 것이었다.

이듬해 2004년은 전시회 10주년으로 세계 스타급 디자이너인 카림라시드를 통해 '자이가 추구하는 미래 하우징은 어떤 것인가'라는 주제로 카림라시드 스타일의 퓨처 하우징에 대한 특별관을 가졌다. 그리고 세 번째는 디자이너 신경옥을 동원했다. 이러한 트렌드 포럼이 LG건설의 역사가 되고 자산이 되는 의미 있는 투자라는 것을 인식시키며 3년을 함께했다.

차별화 전략 2-디자이너스 초이스

여타 전시회와는 다른 것이 많은 〈서울리빙디자인페어〉의 남다른 볼거리는 '디자이너스 초이스'이다. 첫 회부터 기획된 이 행사는 국내 인테리어 전시회로는 최초로 국내 디자이너 9명을 섭외해 그들이 제안하는 생활공간을 보여주는 형식으로 시작했다. 디자인하우스와 이영혜 사장의 강점인 컨텐츠에 대한 정보력과 유기적인 네트워크를 한껏 활용한 성공적인 행사로 지금까지 각광받고 있다. 디자이너들은 이 행사를 통해서 소비자와 직접 만나 트렌드를 제안함으로써 더욱 성장하고 비즈니스로도 성공할 수 있는 기회가 되고, 디자인하우스는 매체자로서 좋은 이슈를 만들어가며 생활수준을 자연스레 끌어올리는 가교 역할을 하고 있는 것이다.

초창기 국내 디자이너 위주로 초대했던 것에서 2003년부터는 해외 디자이너들에게도 기회를 주어 이제 디자이너스 초이스는 해외 작가들에게도 초대받고 싶은 전시회로 알려져 있다. 해외 디자이너들에게 한국의 스타일을 자신의 스타일로 풀어달라고 주제를 던져줌으로써 우리나라 문화를 해석하는 다양한 작품을 볼 수 있는 기회도 얻고 동시에 국내산업을 자극시키는 계기를 마련한다는 취지다. 그리고 해외 디자이너들은 한국에서 비즈니스를 할 수 있는 좋은 프로모션 기회가 되기도 한다.

디자인하우스 이영혜 사장이 가장 중요하게 생각하는 것은 디자인이 빼어난 제품보다는 재능을 갖고 있는 디자이너 육성이다. 디자인 작품은 사라질 수 있지만 디자이너는 경험이 쌓일 때마다 그 힘 또한 커지고 있기 때문에 가장 큰 자산은 디자이너라는 논리다. 〈서울리빙디자인페어〉의 디자이너스 초이스 역시 능력 있는 디자이너를 발굴하고 성장시키려는 이영혜 사장의 의지로 기획된 행사다.

디자인하우스의 이런 열정과 의지는 매년 가을에 열리는 〈서울디자인페스티벌〉에서 흠씬 느낄 수 있다. 봄에는 〈서울리빙디자인페어〉를 하지만 가을에는 영 디자이너를 발굴하는 〈서울디자인페스티벌〉을 함으로써 봄, 가을로 사람도 키우고 산업을 키워내는 행사를 주최하고 있는 것이다. 〈서울디자인페스티벌〉은 2002년부터 시작해 이제 5회가 됐지만 〈서울리빙디자인페어〉보다 세계적으로 많이 알려졌다.

〈서울리빙디자인페어〉가 다른 전시회와 사뭇 다른 분위기를 연출해 내며 성공할 수 있었던 가장 큰 경쟁력은 다름 아닌 사람, 다시 말해 디자이너에 있다. 잘하는 사람을 찾아내서 잘 시킬줄 안다는 것. 전시회의 부스는 일반 인테리어 디자이너나 전시 잘하는 시공업체가 하는 것이 아니라 아트디렉터가 맡고 있다. 전시회주최자인 디자인하우스가 원하는 스타일로 표현해 낼 수 있도록 주문하기 때문에 지금까지 컨셉을 일관되게 유지할 수 있었던 또 하나의 전시회 성공비결이다. 김치호가 〈서울리빙디자인페어〉와 함께 성장한 대표적인 디자이너다. 2002년에 이탈리아에서 활동하다 디자이너스 초이스의 초대작가로 들어와 새로운 소재를 이용한 실험정신이 눈에 띄어 이영혜 사장에게 발탁된 케이스였다. 이제 디자인업계에서는 물론이고 다른 매체나 비즈니스 측면에서도 스타급 아트디렉터로 성장했다.

사람에게 투자해야 한다는 것, 이것이 디자인하우스의 가장 큰 미션이며 이영혜 사장의 가장 큰 의지다. 〈서울리빙디자인페어〉가 살아 숨쉬는 개성 있는 문화적 행사로 거듭날 수 있었던 것도 이영혜 사장을 비롯한 디자인하우스의 사람 철학 때문이 아닐까.

차별화 전략 3-트렌드 컨셉 공지

2006년 〈서울리빙디자인페어〉 전시장 한 켠에는 월간 〈행복이가득한집〉 20주년 기념 전시가 될 2007년 페어 컨셉 광고가 이미 걸려 있었다. '네오 노스텔지어'. 현대가 점점 각박해지고 기능적으로 갈수록 더 회귀적이고 더 클래식하고 더 아늑하고 마치 새둥지 같은 보금자리를 원하는 것이 사람들의 소망이기 때문에 선정했다는 트렌드 설명을 먼저 하고 반드시 디자인하우스다운 한 마디가 덧붙여진다.

"그런데 그냥 향수에 빠지는 예전의 촌스런 노스텔지어가 아니고 새로운 방식의 해석이 들어간 세련된 노스텔지어입니다. 때문에 미리 수입을 할 것인지 개발을 할 것인지 준비를 해주십시오."

이렇듯 〈서울리빙디자인페어〉는 1년 전에 트렌드 컨셉을 잡아 참여 브랜드들에게 미리 공지함으로써 준비하고 고민하게 만든다. 그리고 〈행복이가득한집〉을 통해 트렌드 방향을 꾸준히 제시하고 해외 디자이너를 초청 특별행사 등을 마련해 업체들이 제품에 반영하도록 적극적으로 유도한다. 그런가 하면 디자인하우스의 매체를 통해 소비자, 독자들에게 제시한 트렌드를 인식시키고 하나의 흐름으로 받아들이도록 이끌고 있다. 그리하여 이듬해에 트렌드에 맞는 제품을 개발해 전시함으로써 소비자와 업체의 제품이 잘 어울릴 수 있도록 하는 것이다. 전시회로서는 독보적인 전략을 구사하고 있는 디자인하우스만의 차별화된 경쟁력이 아닐 수 없다.

2003년부터는 참가업체를 대상으로 한 설명회를 집중적으로 개최하고 있다.

"전시회에 참여하는 목적을 분명히 하라, 이슈화 하라, 디자인하우스의 8개의 매체를 활용하라, 그리고 신제품 개발에 힘써 해외에서 찾아오게 하라고 강조합니다. 이것이 바로 우리 전시회와 타 전시회의 가장 큰 차별점이기 때문입니다."

〈서울리빙디자인페어〉는 매년 5월호 〈행복이가득한집〉에 리뷰 기사를 내보내는 것을 비롯해 그 밖의 7개 잡지에도 잡지 컨셉에 맞춰 소개하고 있다. 어쨌든 이슈화 작업이 잘된 브랜드가 매체에 소개되기 마련이고 자연히 소비자들에게 좋은 인식을 가져다주게 되는 것이다. 이러한 강점이 있는 〈서울리빙디자인페어〉에는 제품을 많이 팔기보다는 브랜드로 자리매김하고 싶어하는 많은 업체들과 이미지를 더 중요하게 생각하는 브랜드들이 장기적으로 비즈니스를 하고 싶어서 찾아오고 있다.

3년째 이슈가 안되면 전시는 나올 이유가 없다면서 참가업체 설명회 때마다 이슈를 만들라고 목청 높인 효과가 서서히 드러나고 있다. 트렌드와 이슈는 〈서울리빙디자인페어〉에 참여하는 업체라면 당연히 받아들여야 할 경향으로 정착되어 업체 독자적으로 출품하기보다는 내외부 디자이너와 손잡고 새로운 것을 많이 내놓는 등 제품 경향이 서서히 달라지고 있다.

이렇듯 주문 많고 숙제를 많이 내주는 〈서울리빙디자인페어〉와 함께 성장한 대표 브랜드는 한샘과 까사미아를 꼽을 수 있다. 특히 까사미아는 토털 인테리어 가구나 소품을 만드는 회사로 국내 브랜드이면서도 개발연구소를 갖고 있고, 해외 트렌드를 놓치지 않고 계속 반영해 신제품을 내놓고 있다. 또한 우리나라 젊은 디자이너들에게 제품을 개발하도록 해서 까사미아관에서 고객의 테스트를 받게 하는 등 노력하는 회사로 유명하며

2004년에 이어 2006년에도 에디터스 어워드 대상을 수상했다.

아낌없이 적극적으로 구체적인 방안까지 컨설팅해 주는 보기 드문 전시 주최사 디자인하우스의 소망은 〈서울리빙디자인페어〉를 계기로 업체들이 신제품개발에 힘쓰며 성장하는 국내 브랜드들이 많이 나와주는 것이다.

한국의 전통과 디자인을 세계 브랜드로

〈서울리빙디자인페어〉의 성장과 더불어 가장 크게 발전한 것은 브랜드에 대한 파워가 많이 강해졌다는 점이다. 현재 디자인하우스가 〈서울리빙디자인페어〉를 글로벌 전시회로 성장시키겠다는 의도에는 국내 브랜드를 세계적인 브랜드로 성장시키고자 하는 목적의식이 깔려 있다. 국내 브랜드라면 한국 디자이너들이 자체 개발한 제품, 현대적인 제품도 될 수 있겠지만 특히 크래프트(공예품)를 많이 키우자는 것이 이영혜 사장의 생각이다. 우리가 갖고 있는 수준 높은 전통공예 브랜드를 모던화하자는 것이다. 태국의 경우만 해도 정부 상무부 차원에서 크래프트를 수출하는 데 지원을 많이 하는데 우리나라는 개별적인 비즈니스만 오갈 뿐 전시회 등을 통해 규모 있게 수출할 수 있는 기회가 거의 없는 실정이다.

이 역할을 디자인하우스가 〈서울리빙디자인페어〉를 통해 해보겠다고 발 벗고 나선 것이다. 한지, 도자기, 칠기, 금속, 죽공예 등등 다양하고 수준 있는 전통공예를 현대적인 공예로 끌어들여 리빙 크래프트로 만드는 것이 〈서울리빙디자인페어〉를 중심으로 한 디자인하우스의 당면한 미션이 된 것이다. 이미 디자인하우스의 전초작업은 시작됐다.

밖으로는 국내 브랜드들을 수출할 수 있는 통로를 해외 유명 전시회들과의 접촉을 통해 해외 교류전과 교환홍보, 디자이너 교환 등을 제안해 가며 하나둘 넓혀가고 있다. 현재 프랑스의 유명한 전시회 〈메종오브제〉를 비롯해 말레이시아의 〈홈엑스〉, 태국의 〈하우스앤기프트웨어페어〉와 교환광고를 하고 있으며, 2006년 10월에는 홍콩과 교환홍보를 진행했다. 한국의 〈서울리빙디자인페어〉를 본 이들은 '독특하다'며 호감을 보이고 있다. 이렇듯 이영혜 사장은 국제적인 교류를 서서히 자연스럽게 이뤄내며 우리 문화와 브랜드의 매력을 자연스레 흡수시키고 있는 것이다.

그리고 안으로는 국내 브랜드들을 하루빨리 성장시키고자 2005년부터 도자기 엑스포의 '토야 테이블웨어 페스티벌'과 2006년 10월에 열린 국제공예박람회 기획대행을 디자인하우스가 맡았다. 돈을 벌기 위한 것이 아니라 우리 공예산업을 빨리 성장시켜야 〈서울리빙디자인페어〉로 흡수시킬 수 있다는 생각에서였다.

또한 공예문화진흥원 등 전통산업계를 지원하는 관계자들에게 시어머니를 자처하고 나섰다.

'그저 한국의 훌륭한 장인을 소개하고 컨텐츠 자랑으로 일관하는 실적 위주의 껍데기 비즈니스를 하지 마라, 그 돈으로 젊은 디자이너를 한 명이라도 더 지원해서 전시할 수 있는 기회를 만들어줘라, 제품을 개발하면 팔 수 있는 오프라인 숍을 만들어 테스팅 마케팅을 해봐라, 크래프트 하나라도 빨리 브랜드화시켜야 한다, 태국 사례를 벤치마킹 하라.'

동시에 디자인하우스가 솔선수범해 이런 기회를 공예 전시회에서 조금씩 만들어가고 있다.

리빙 크래프트의 브랜드화는 디자인하우스의 작은(?) 욕심이자, 디자인하우스가 가진 최고의 병기인 기획력과 매체를 이용해 사회에 환원하겠다는 이영혜 사장의 마음이 담겨 있는 최선의 비즈니스인 것이다. 그런 측면에서 2006년 전시회의 주제를 크래프트맨십(Craftsmanship)으로 설정했다. 이에 따라 세계 속에 한국 브랜드 경쟁력을 강화시키기 위한 다양한 기획전이 시도되었다.

디자이너스 초이스의 주제는 컨템포 코리아(Contempo-Korea). 패션디자이너 장광효, 인테리어 디자이너 김윤수, 영국 세라믹 디자이너 도미니크 크린슨, 이 세 사람에게 한국의 이미지를 가지고 새로운 스타일로 풀어달라고 주문했다. 한국의 전통적인 모티브를 현대적으로 재해석해 모던한 공간을 연출해 미래의 트렌드를 제안하는 자리로 기획된 것이다.

크래프트 갤러리에서는 조명의 '환골탈태' 컨셉 전시회로 기획됐다. 또다시 디자인하우스다운 발상의 전환이 발휘되는 순간이었다. 우리나라 공예 브랜드들의 모던화와 비즈니스를 키우기 위한 디자인하우스의 전략적 기획으로 조명을 소재로 한 것인데, 전통 장인들에게도, 조명 전문가에게도 맡기지 않았다. 전혀 다른 장르의 아티스트 20명에게 '우리나라 전통소재로 가장 잘 팔릴 수 있는 조명을 만들어달라'고 한 것이다. 패션디자이너, 사진작가, 조각가, 그래픽디자이너, 건축가 등 20명이 내놓은 신선하고 재미있는 작품들은 관람객들을 실망시키지 않았다. 그리고 스페셜 포럼 역시 세계적인 가구 장인으로 손꼽히는 조지 나카시마 전으로 꾸몄다.

12년간 12배의 성장을 거듭하며 남다른 전시회로 자리를 굳혀왔지만 2006년 전시회는 그 어느 해보다도 디자인하우스 〈서울리빙디자인페어〉의 비전이 오롯이 드러난 전시회였다.

이영혜 사장은 생활문화 트렌드를 새로 제시하는 리더로서의 역할을 강조하며 우리의 문화가 깃들어야 외국에서도 사러올 것이라는 확신을 갖고 있다. 전시회 초창기엔 외국 수입 브랜드들이 더 많았지만 전시회의 진정한 목표는 그것이 아니었다. 이영혜 사장은 가장 경쟁력을 키울 수 있는 우리 것 중 공예브랜드를 낙점했다. 때문에 2006년 주제를 크래프트맨십으로 정하고 자연스레 우리의 문화와 공예의 가능성을 전파하기 시작한 것이다. 문화는 곧 장인정신이라고 정의하는 이영혜 사장의 탁월한 기획력과 철학, 그리고 의지가 어우러져 우리의 전통 공예브랜드들이 어떤 품새로 태어나 고객의 마음을 사로잡을지 무척 궁금하다.

우리나라 리빙디자인을 선도하며 생활공간과 그리고 전시업계에 '문화'라는 벗을 삼게 해준 〈서울리빙디자인페어〉. 이를 이끌어가는 사람들의 남다른 애착에서 뿜어져 나오는 쓴 소리는 아무래도 쉬이 멈출 것 같지 않다. 디자이너와 전시 이슈 만들기 작업을 통해 브랜드를 성장시키는 전시회의 스타 마케팅 전략은 계속될 것이다. 매년 두 번 참가업체들을 대상으로 하는 영업 설명회는 변함없이 열려 있고, 아트디렉터를 기용해 부스 인테리어를 총괄하도록 하는 매개체 역할도 기꺼이 계속 맡아 할 것이란다.

왜냐하면 〈서울리빙디자인페어〉의 비전은 해외 바이어들이 한국의 생활문화를 사러 오게 하는 것이기 때문이다. 우리나라를 동남아의 생활문화 트렌드의 허브로 만드는 것이 〈서울리빙디자인페어〉와 이영혜 사장의 꿈이다. 때문에 전시회 오픈 하루 전날, 이영혜 사장의 "이 부스 빼!"라는 거침없는 목소리는 계속될 것이며, 〈서울리빙디자인페어〉 실무진들의 진땀나는 전시회 전야제도 피할 수 없을 것 같다.

한국 대표 전시회,
이제는 세계적 전시회로

2006년 2월 17일, 경기도 일산에 있는 국내 최대 규모의 전시장인 킨텍스에서 〈경향하우징페어〉가 화려한 막을 올렸다.

21회째를 맞은 이 전시회는 '인간, 자연, 그리고 미래'를 주제로 웰빙가구대전, 홈인테리어전, 주방가구전, 홈네트워크전, 공구 및 건설장비전, 건축자재전, 전기 및 조명기기전, 펜션 및 전원주택전, 리모델링전, 주택정보전, DIY전으로 꾸며졌다.

2005년 1월 산업자원부로부터 대한민국 대표 브랜드 전시회로 선정된 〈경향하우징페어〉는 우리나라를 대표하는 최대 건축·인테리어 자재 전시회다. 2006년 전시회는 국내 600개 업체, 해외 20개국에서 150개 업체 등 총 750개 업체가 참가했다. 5만 5,000평방미터의 킨텍스 전체를 다 사용하는데, 3,000부스에 육박하는 국내전시회로는 최대 규모다.

경향신문의 수익사업으로 탄생

폐막을 앞둔 22일 오후, 〈경향하우징페어〉를 주최하는 경향하우징의 구운회 대표는 황급히 전시장으로 달려갔다. 전시장을 가득 메운 관람객 사이를 이리저리 헤치고 나아가던 구운회는 홈인테리어전에 있는 벽난로 전시부스 앞에서 감회 어린 표정으로 전시물을 들여다보고 있는 한 노인 앞에 멈춰 섰다.

"전무님, 미리 연락이라도 주시지 않으시고."

노인은 고개를 돌려 구운회를 확인하고는 환한 미소를 지었다.

"구 사장. 축하하네. 전시회가 대성황이구만."

"저도 이렇게 성황을 이루리라고는 짐작하지 못했습니다. 선배님이 기초를 튼튼히 놓아준 덕분입니다."

노인은 〈경향하우징페어〉 탄생의 주역인 박동순 전 경향신문 전무였다. 그가 경향신문의 문화사업국장으로 재직하던 당시 수익성 사업 발굴의 일환으로 1986년에 〈경항하우징페어〉를 개최한 것이 오늘에 이른 것이다.

기자 출신인 박동순은 다양한 이력의 소유자다. 그는 동아통신, 서울신문을 거쳐, 중앙일보 창간 맴버로 입사해 경제부 부장, 주일특파원, 기획실장 등을 지냈다. 이후 삼성물산으로 자리를 옮겨 해외업무 관리기획본부장을 지내기도 했다. 그러다 매일경제 이사를 거쳐 경향신문에 둥지를 틀고는 문화사업 담당 전무를 7년간 역임했다. 당시 박동순은 끊임없이 신문 이외의 새로운 사업아이템을 찾았다. 경영적자에 시달리고 있던 경향신문의 짐을 덜어주기 위해서였다. 월 2회 발행하는 새로운 방식의 여성지인 〈레이디경향〉을 창간한 것도 박동순이었다.

그렇게 수익성이 있는 사업을 찾던 박동순은 건설부에서 소규모로 건축자재 전시회를 열고 있다는 것을 알게 됐다. 당시 우리나라에서는 전시산업이 한창 걸음마를 하고 있었다. 박동순은 전시산업이 미래형 지식서비스 산업으로, 그리고 새로운 마케팅 수단으로 성장할 것이라고 보았다. 오랜 경제부 기자생활을 통해 체득한 동물적 감각이 작용한 것이다. 그리고 일본 특파원과 삼성물산의 해외업무를 담당하며 일본의 선진사례를 접했기에 가능한 판단이었다. 박동순은 주저없이 건설부로 달려가 전시회를 경향신문에서 주최하겠다며 넘겨달라고 요청했다. 건축문화를 진흥시키기 위해서는 민간이 전시회를 개최하는 것이 효과적이라는 박동순의 논리가 먹혀들어 건설부로부터 전시회 개최권을 가져올 수 있었다.

"중앙일보 경제부장으로 있을 때 동양라디오에서 '생활경제'이라는 3분짜리 코너를 맡아 3년 동안 진행했는데 그때 청취자들이 가장 관심을 갖는 분야가 부동산이라는 것을 알았어. 부동산에 관한 세제, 지가 동향이나 개발계획 등에 대해 이야기하면 반응이 매우 좋았지. 사람들이 자문을 구하러 나를 찾아 올 정도였어."

〈경향하우징페어〉는 박동순이 경제부 기자 정신과 일본 벤치마킹을 근간으로 개발하고 정착시킨 전시회라 할 수 있다.

"벌써 20년이 지난 얘기구만. 그때 전시회를 개최하기 위해 뛰어다니던 모습이 아직도 기억에 생생하네. 킨텍스와 같은 대형 전시장은 물론 없었고, 제대로 된 전시장으로는 코엑스 구관이 유일했어."

건축자재전의 개최권을 가져왔지만 개최 장소가 마땅하지 않았다. 강남구 삼성동에 코엑스 구관이 있었지만 당시 삼성동은 서울의 변두리에 불과했다. 그랬기에 시설이야 코엑스에 비할 바가 못됐지만 교통여건을 고려해 여의도에 있는 중소기업진흥회 전시장을 선택했다.

박동순은 축구장의 다섯 배 크기라는 킨텍스 내부를 둘러보았다. 20여 년 전의 열악했던 시설에서 전시회를 주최하던 때를 생각하면 부러움과 격세지감을 느낄 수밖에 없었다. 2월에 첫 〈경향하우징페어〉를 주최했는데, 창고 같은 전시장 문틈으로 먼지바람과 찬바람이 술술 들어왔었다. 비닐 장판을 깐 바닥에다 쇠 파이프로 만든 촌스런 부스에서 전시를 했다.

"첫 전시회를 개최하기 위해 출품업체 관계자들을 모아놓고 설명회를 했어. 'MBC가 자매 회사니까 열심히 광고하겠습니다만 MBC 이외에도 여러분이 낸 비용 중 실비를 제하고 남은 비용은 모두 홍보비용으로 투자하겠습니다' 했더니 모두 박수를 치더군. 그런 마음가짐으로 산업발전에 이바지하는 전시회를 만들겠다는 각오로 시작했어. 그게 사람들에게 먹혀들었지."

단순 자재전에서 종합건축문화전으로 발전

전시장을 둘러보던 박동순은 주방가전 전시장 앞에서 발걸음을 멈췄다. 냉장고, 식기세척기, 오븐 등 빌트인 주방가전이 관람객의 발길을 사로잡고 있었다.

"이제는 전시 품목이 매우 다양하구만. 전자제품도 당당히 자리를 잡고 있고. 특히 그룹핑을 해서 관람객의 관람 편의를 도모한 것이 매우 잘한 것 같네."

"선배님, 당시에는 출품업체 모집이 가장 큰 고민이었다고 들었습니다."

"지금은 가만있어도 서로 전시하겠다고 해서 선별작업을 한다면서? 당시는 업체 모집하러 다니느라 고생들이 많았어. 그래서 '귀에 고름이 나고, 한 달에 구두 두 켤레가 떨어졌다'는 말이 생겨났지. 아침에 출근해 퇴근할 때까지 하루 종일 전화기에 매달려 업체를 설득하고, 또 논현동, 마석 가구단지 등등 건축자재가 있는 곳이면 비가 오나 더우나 추우나 가리지 않고 찾아다니느라 구두가 배겨나지 못했어."

사업담당 전무, 지금으로 치자면 경향하우징의 대표이사와 다를 바 없었지만 박동순도 직접 업체모집에 팔을 걷어붙였다. 이리저리 수소문하다 세봉이라는 회사에서 벽난로를 만든다기에 찾아가 출품을 권유하기도 했다. 심지어는 캐나다 대사관에 전화해 통나무집을 출품시키기도 했다.

"당시에는 별다른 전시품목이 없어 부스 채우기에 급급하다 보니 구공탄 보일러, 번개탄을 가지고 나오는 업체도 있었어. 호랑이 담배 피던 시절의 얘기겠지만."

"지금은 품목이 다양합니다. 건축자재와 가구, 인테리어 자재 등은 당시에도 있었겠지만 지금은 조명기기, 주방가구, 주방가전, 홈네트워크, 전원주택 및 DIY 등의 그룹별로 전시관을 구성할 정도입니다."

오늘에 이르기까지 〈경향하우징페어〉의 출품 품목 확대는 관계자들의 땀과 열성의 흔적이라 할 수 있다. 그야말로 귀에 고름이 맺히도록 전화통과 씨름을 하고 구두 바닥이 닳도록 뛰어다닌 결과였다.

초기에 건축자재 중심으로 시작된 전시회는 3회 전시회부터 조경과 인테리어를 추가시켰고, 5회 전시회부터는 가구가 추가됐다. 10회 전시회부터는 품목이 더욱 확대돼 가정자동화, 건설장비, 건축공구와 DIY가 새롭게 둥지를 틀었다. 여기에다 19회부터는 스마트홈이 새롭게 추가되면서 단순한 건축자재전을 뛰어넘어 건축에 관한 모든 것을 한 자리에서 볼 수 있는 종합건축문화전으로 승화되었다.

"사실 초기 3년을 담당하면서 나도 꿈이 많았지. 그러나 우선 전시회를 안정적인 성장궤도에 올려놓기 위해 뛰어다니다 보니 지속적으로 발전할 수 있는 레일을 깔 짬도 없었어."

"아닙니다. 그때 선배님이 레일을 잘 깔아주셨고, 현실에 안주하지 않고 새로운 것을 추구하는 프론티어 정신을 저희 전시회의 모토로 삼아주셨기에 후배인 저희들이 방향과 목적을 분명히 하고 일할 수 있어 오늘의 결과가 있지 않았나 생각합니다. 거듭 감사를 드립니다."

경향신문 문화사업국에서 한 사업 중 최고로 성공한 사업으로 평가받고 있다는 구운회의 말에 박동순은 감개무량한 표정을 지었다. 그러면서 문화사업국을 맡을 당시에도 형식적이고 타성에 젖은 연례사업은 하지 말자고 해서 없앤 사업들도 많았다고 회상했다.

이런 정신으로 〈경향하우징페어〉를 시작했는데 첫 전시회는 80개 업체 150부스 규모였으나 이제는 750개 업체 2900부스 규모로 성장했다. 20년 동안 10배나 커진 것이다.

건축 산업의 새로운 트렌드 반영

"2006년 전시회의 특징은 디자인과 환경을 중시하는 최근 경향을 반영하고 있고, 건축 및 정보기술(IT)과의 핵·융합 현상도 거스를 수 없는 대세로 자리잡았다고 할 수 있습니다.”

올해 출품된 10만여 점의 건축 자재에는 현재 우리의 마음을 사로잡는 첨단 주거문화의 흐름과 함께 앞으로 구현될 미래의 단초들이 함께 담겨 있다. 과거에는 내구성, 견고성을 강조하던 인테리어 자재는 실용성과 디자인을 중시하는 경향으로 바뀌고 있다. 특히 대자연의 정취를 물씬 풍기는 자연주의 디자인과, 복잡하고 화려한 문양을 없애고 단순함을 강조하는 미니멀리즘이 사람들의 마음을 끌고 있다.

“소득 수준이 높아지면서 심미적 주거문화에 대한 욕구가 커지고 있습니다. 이러한 디자인 중시 경향은 앞으로도 계속 이어질 것이라고 생각됩니다.”

“제품의 다양화뿐 아니라 품질과 디자인의 세련됨도 격세지감이 느껴지는구먼. 내가 일본에 좀 살아서 그런 느낌을 받았는지 모르지만 초창기에는 출품 제품들이 얼마나 투박하고 촌스럽던지. 지금 생각하면 내 잘못처럼 느껴져 낯이 뜨거울 정도야.”

구운회는 박동순을 환경친화적 웰빙 제품들이 전시돼 있는 부스로 이끌었다. 환경에 대한 관심 역시 〈경향하우징페어〉를 이끄는 큰 흐름이라 할 수 있었다. 새집증후군, 아토피 등이 사회적 문제로 부각되면서 참가업체들마다 황토, 목재 등 친환경 소재를 활용한 건축자재를 앞다퉈 내놓았다.

“과거에는 기능만 강조했지만 앞으로는 환경을 생각하지 않는 제품은 발을 붙이기 힘들어질 것입니다.”

구운회는 스마트홈 전시장으로 박동순을 안내했다. 홈네트워크 시스템을 비롯해 관련 장비들이 전시돼 있었다.

“앞으로 IT산업과의 융복합이 건설·건축산업을 먹여 살릴 것이라고 봅니다. 이번 전시회에서도 어떻게 융복합의 시대적 흐름을 쫓아갈 것인지에 대한 각 업체들의 고민이 잘 녹아 있습니다.”

〈경향하우징페어〉는 앞으로 건설·건축산업이 더 이상 IT산업과 협력하지 않고서는 살아남을 수 없다는 점을 웅변적으로 보여주고 있었다. 모든 주거기능을 리모컨 하나로 제어할 수 있는 스마트 홈네트워크와 유비쿼터스 환경을 구현한 첨단제품들이 매년 크게 늘어나고 있었다. 또한 다채로운 연계행사로 관람객에게 볼거리와 체험공간을 제공하고 있다. 다양한 분야와 연계를 통해 명실상부한 종합건축문화 전시회로 영역을 넓혀가고 있는 것이다. 2006년에는 미술과 건축의 만남을 주제로 한 아트 페스티벌을 개최해 국내외 1000여 화가들의 그림, 조각, 패브릭 등 다양한 작품을 선보였다. 이는 미술과 건축의 결합을 통해 창조적인 인테리어 탄생이라는 산업적 재발견도 가능하다는 것을 보여주고자 함이었다.

또 정부의 아파트 발코니 확장 허용으로 발코니 조경에 대한 관심이 늘어남에 따라 일반 주부 및 동호인들이 참가하는 베란다 정원 꾸미기 콘테스트도 열렸다. 그리고 전문가가 직접 나서는 부동산 재테크 강연은 언제나 인산인해를 이뤘다. 이전의 〈경향하우징페어〉는 전시만 목적으로 해왔으나 이제는 관람객에게 다양한 정보와 볼거리를 제공하는 쪽으로 신경을 많이 쓰고 있다는 것이 구운회 대표의 설명이었다.

외환위기와 경쟁 전시회 출현이라는 암초를 극복하고

“그렇지만 지난 20년이 결코 순탄한 길만 걸어온 것만은 아닐 텐데, 어려움은 없었는가?"

"왜 아니겠습니까. 사실 선배님이 잘 깔아놓은 레일 위를 확고한 방향으로 질주해 왔다고 해도 지나침이 없을 것입니다. 이는 의식주 중에서 가장 중심이 되는 주거문화에 포커스를 맞춘 탁월한 선택 덕분이었죠. 1980년대 이후 이 분야의 성장 바람을 잘 탈 수 있었으니까요. 그리고 경쟁 전시회가 없었다는 것도 행운이라면 행운이었죠. 그러다 1998년에 외환위기를 맞은 겁니다."

사실 전시업계에서 외환위기는 태풍을 능가하는 엄청난 피해를 입힌 '괴물'이었다. 너나할 것 없이 참가업체가 줄어들어 존립의 위기를 맞았다. 전시 부스가 절반으로 줄어든 것은 예사고 1/10로 줄어드는 경우도 있었다. 아예 몇 해 쉬는 전시회도 있었고, 사라진 전시회도 있었다.

〈경향하우징페어〉도 예외는 아니어서 1997년에는 450개 업체 1200부스 규모였으나 1998년에는 360개 업체 900부스로 줄었다. 다른 전시회에 비해서 크게 줄지는 않았지만 승승장구하던 〈경향하우징페어〉로서는 처음으로 맞는 위기상황이었다. 다른 전시회에 비해 타격이 덜했음에도 〈경향하우징페어〉가 위기라고 느낀 것은 결코 '부자 몸조심'만은 아니었다. 이때 전체 규모는 크게 줄지 않았으나 각 제품군의 몇몇 리딩기업들이 불참한 것이 위기감을 초래했다고 할 수 있었다. LG화학, 한화종합화학, KCC, 로얄토토 등이 내부 사정을 이유로 1998년 전시회에 불참한 것이다. 이들의 불참이 계속된다면 관련 군소 자재업체들이 참가 메리트를 잃고 불참하는 도미노 현상이 벌어질 수도 있었다. 특히 이들 업체들은 그동안 한번도 빠지지 않고 〈경향하우징페어〉를 지켜준 든든한 버팀목 역할을 해주었기에 이들의 불참이 위기의식을 심어주기에 충분했던 것이다.

이런 난관을 돌파하고자 관계자들은 과거 선배들이 그랬던 것처럼 귀에 고름이 나도록 전화통과 씨름을 했고, 한 달에 구두 두 켤레가 닳아 없어질 때까지 발품을 팔았다. 그리하여 3년 만에 옛날 수준을 회복할 수 있었고, 국내 최대의 전시회로 성장시킬 수 있었다.

또 다른 위기상황은 2000년대 들어 부쩍 심해진 경쟁 전시회의 출현이었다. 지금도 경쟁 전시회가 계속 생겨나고 있는데 현재 건축 관련 전시회가 15개나 된다.

"외환위기를 극복할 때쯤 되니까 여기저기서 우후죽순처럼 경쟁 전시회가 나타나더군요. 이 또한 위기라면 위기일 수 있었습니다. 그러나 외환위기에 비해서는 위기감이 덜했습니다. 외환위기가 예측하지 못했던 돌발변수라면, 경쟁 전시회 출현은 어느 정도 예견됐던 것이고, 또 산업화의 진전에 따라 파이가 커짐에 따라 큰 피해는 없었으니까요."

사실 그동안 〈경향하우징페어〉는 별다른 경쟁 전시회 없이 독주를 해왔다. 그랬기에 외환위기에도 크게 타격을 입지 않았는지도 몰랐다. 당시로서는 업체들이 신제품을 만들어 〈경향하우징페어〉를 통해 선보임으로써 구매력을 높이곤 했다.

"모든 전시회는 목적이 있고 주제가 있습니다. 대부분의 전시회가 처음에는 이런 목적과 주제를 가지고 출발합니다만 횟수가 거듭될수록 초심을 잃는 경우를 많이 보았습니다. 이윤추구가 목적이다 보니 그렇게 빗나간다고 봅니다. 그러나 우리는 관련 산업의 육성과 기술개발에 기여하겠다는 분명한 목적을 갖고 있었고, 이를 흔들리지 않고 일관되게 지켜온 덕분에 경쟁 전시회의 출현에도 성장을 거듭할 수 있었다고 생각합니다."

경쟁 전시회들은 〈경향하우징페어〉와 차별화된 자신의 색깔을 갖고 시작한다. 그러나 점차 이윤추구에 눈이 멀다보면 〈경향하우징페어〉를 모방하고 따라오게 된다. 그러면 참가업체나 관람객들로서는 굳이 그런 전시회에 가야할 이유가 없어지게 되는 것이다.

〈경향하우징페어〉는 경쟁 전시회를 무너뜨리기 위한 전략을 쓰지 않았다. 가격을 낮춰 후발 전시회를 고사시킨다던지, 참가업체가 경쟁 전시회에 나가지 못하도록 압력을 가한다든지 하지 않았다. 공정 경쟁을 통해 소비자의 선택으로 우열이 가려지도록 했을 뿐이었다.

지방과 중국 진출, 그러나 실패의 쓴맛 보기도

"지방에서 전시회를 하고 있기도 하고 얼마 전에는 중국에서도 전시회를 열었다고 들었네만 그 성과는 어떠했는가?"

"부산에서 전시회를 하고 있습니다. 지금 500부스 규모인데 부산 지역 전시회로는 꽤 큰 편입니다. 전주에서도 몇 번 했지만 시장이 워낙 적어 어려움을 겪다가 중단한 상태입니다. 그리고 중국은 쓰라린 실패의 경험을 맛본 곳인데 다시 진출하려고 준비를 하고 있습니다."

〈경향하우징페어〉가 부산 전시를 시작한 것은 1991년이니 2006년으로 벌써 16회째를 맞았다. 부산과 영남지역의 관람객에게 건축에 관한 정보와 구매편의를 제공하기 위한 것으로 부산시와 손잡고 개최해 오면서 지역의 건축문화 발전에 많은 기여를 했다는 자부심을 갖고 있다. 그러나 1999년부터 시작한 전주 전시회는 시장의 한계를 절감하는 계기가 된 실패사례라 할 수 있다. 아무리 잘 만든 전시회도 시장이 작으면 어려움을 겪을 수

밖에 없다는 것을 뼈저리게 느낀 경우라 할 수 있었다. 〈경향하우징페어〉
가 중국에 진출한 것은 2002년이었다. 경제발전에 따라 급속도로 커져가
는 중국의 건축시장을 공략하기 위해 국내업체를 이끌고 들어가 상하이와
베이징에서 60부스의 소규모로 전시회를 개최했지만 3년 만에 중단하고
말았다. 이 역시 실패의 교훈을 맛보게 해준 사례라 할 수 있다. 중국시장
에 대한 정확한 정보도 없이 겉모습에 현혹돼 성급하게 진출한 것에 원인
이 있었다. 우선 중국의 건축자재 수요가 국내와 달랐고, 유통구조 또한 차
이가 있었다. 중국의 건축 수준이 국내에 비해 뒤지는데도 건축 기초자재
보다는 마감자재 위주로 매장을 꾸미다보니 중국의 건축물에 적용되기에
는 너무 고급스러워 구매력이 생각보다 일어나지 않았던 것이다. 더구나
구매보다는 샘플을 구해 복제에만 열을 올리는 중국 업체들의 행태를 막을
방법을 강구하지 못한 것도 또 하나의 실패 요인이라 할 수 있었다.

"그러나 거대한 중국시장을 '강 건너 불 구경하듯' 바라보고만 있을 수
없어 다시 진출하기 위해 준비하고 있습니다. 내년에 중국업체와 손잡고
중국 광쩌우에서 전시회를 개최할 계획입니다. 지난 실패를 반복하지 않기
위해 철저한 시장조사와 준비를 했기 때문에 이번에는 자신이 있습니다."

실패보다 더 무서운 것은 실패의 경험을 자산으로 만들려 하지 않는 것
이라 할 수 있다. 그런 측면에서 경향하우징의 도전은 눈여겨볼 만하다.

킨텍스로의 모험, 그리고 멋진 성공

그러나 뭐니뭐니해도 경향하우징의 모험과 도전이 돋보이는 부분은 2006

년에 킨텍스 전관을 빌려 전시회를 주최한 것이라 할 수 있다. 외환위기로 인해 다소 위축되었던 〈경향하우징페어〉는 관계자들의 혼신을 다한 노력과 건축경기가 되살아나면서 2000년에는 과거 수준으로 회복되었다. 2003년에는 코엑스 전관을 다 채울 규모로 늘어났다.

이런 상황에서 〈경향하우징페어〉는 코엑스와 인근에 있는 학여울전시장으로 분산 개최해야 하는 상황에 직면했다. 코엑스 전시장 일부가 2002년에 열린 월드컵 행사장으로 사용되면서 전시장 부족사태를 빚었던 것이다. 그래서 2002년의 전시회를 코엑스와 학여울전시장으로 분산 개최하는 모험을 단행했다. 분산개최를 하다보니까 전시효과가 떨어질 뿐더러 관람객에게도 불편을 주고 참여업체들의 불만을 사게 되었다. '똑같은 참가비 받고 어느 업체는 1층의 목 좋은 곳을 주고, 왜 우리는 3층 구석의 출구 쪽에 주느냐'는 불만이 터져나왔다. 심지어는 교통여건이 나쁜 학여울전시장까지 가야 했으니 오죽했으랴. 경향하우징 관계자들로서도 안타까운 일이었지만 달리 방법이 없었다. 대신 코엑스와 학여울전시장을 오가는 셔틀버스를 동원해 관람객의 교통편의를 다소나마 제공해 주기도 했다.

더구나 2003년부터는 전시 규모가 더욱 늘어나면서 코엑스 전관을 사용하고도 공간이 모자라 다시 학여울전시장으로 분산개최를 할 수밖에 없었다. 참가업체들로서도 불만이 많았지만 〈경향하우징페어〉의 마케팅 활용도가 높았기에 어쩔 수 없이 참가하는 경우도 있었다.

그래도 공간이 모자라 참가 희망업체를 선별해야 할 정도였으니 우리나라 전시업계에서는 유일하게 행복한 고민을 할 수밖에 없었다. 전시규모를 더 늘리고 싶어도 전시장이 따라주지 못하니 외국처럼 대규모 전시장이 없는 것을 아쉬워해야 했다. 그러던 2005년에 킨텍스가 개장했다. 〈경향하우징페어〉를 제대로 열 수 있는 대규모 전시장이 탄생한 것이다. 그러나 킨텍스 개장 이전인 2월에 2005년 전시회를 치러야 했기에 킨텍스로의 이전은 다음해로 미뤄야 했다.

"킨텍스로 옮긴 것도 모험이지 않나 생각하는데."

"엄청난 모험이었죠."

킨텍스로의 이전이 모험이긴 했지만 어쩔 수 없는 모험이었다. 규모야 원하는 수준이었지만 문제가 된 것은 대중교통이 불편하고 주차장과 음식점 등의 관람객 편의시설이 부족하다는 점이었다. 실제로 킨텍스로 옮기면 참가하지 않겠다는 업체도 상당히 많았다.

작은 손해에 연연할 상황이 아니었다. 〈경향아우징페어〉를 국제적인 전시회로 키우기에는 킨텍스가 코엑스보다 더 적합한 조건을 갖추고 있었다. 인천국제공항으로부터의 접근성이 코엑스보다 나아 해외 바이어 유치에 유리한 조건을 지니고 있었던 것이다. 이에 2006년을 〈경향하우징페어〉의 국제화 원년으로 삼기로 하고 킨텍스로의 이전을 결심했다.

대중교통이 불편하다는 이유로 관람객이 줄어들 것을 염려해 참여하지 않으려는 업체들을 일일이 찾아다니며 실수요자들은 반드시 찾을 것이라고 설득했다. 그와 더불어 예전의 전시회보다 많은 볼거리와 다양한 이벤트를 기획했다. 사실 실수요 관람객보다 일반 관람객이 너무 많이 오면 실제적인 상담이 이루어지지 못하는 단점이 있다. 그래서 해외에서는 입장료를 올리고 실수요자, 학생, 일반 등등 구체적으로 관람객을 세분화해 스티커를 붙여 입장시키기까지 하고 있다.

다행히 관계자들의 적극적인 노력과 참가업체들의 호응으로 전시 규모가 2005년보다 20%나 늘어났다. 5만 5000평방미터인 킨텍스 전관을 다

채운 최초의 민간 전시회라는 기록을 세운 것이다. 전관을 다 사용한 것은 2005년에 열린 모터쇼가 처음이지만 이는 부스 개념이 아니다. 부스 개념으로는 경향하우징페어가 처음이고, 민간주최사가 연 전시회로도 처음이었다. 더구나 관람객은 전년에 비해 두 배로 늘어났다. 교통여건 때문에 모험이라 생각했으나 예상을 뛰어넘는 성공을 거둔 것이다. 이러한 성공이 우연한 행운이나 일시적인 현상에 힘입은 것은 결코 아니었다. 전시 관계자들의 노력과 투자가 뒷받침된 결과였다.

참가업체가 늘어나 볼거리가 많아지면 자연히 관람객도 늘게 마련이었다. 관람객이 늘어나면 참가업체도 늘어날 수밖에 없었다. 이러한 선순환을 만들어내기 위해서는 킨텍스라는 지리적인 악조건을 극복하는 투자가 필요했다. 경향하우징은 〈경향하우징페어〉에 대한 투자를 전년에 비해 두 배로 늘렸다. 적극적인 타깃 마케팅을 시도한 것이다. 사실 코엑스와 학여울전시장에서 개최할 때에는 그럴 필요가 없었다. 가만 앉아 있어도 참가하려는 업체가 줄을 섰고, 덩달아 관람객의 발길이 잦아졌다.

이제 여건이 달라졌다. 킨텍스에도 코엑스처럼 변함없이 관람객이 찾아줄지 아무도 장담할 없었다. 앉아서 기다릴 수 없는 처지가 됐다. 그래서 참가업체들의 주요 바이어라 할 수 있는 건설회사와 인테리어업체, 설계사무소 등을 대상으로 적극적인 마케팅을 전개한 것이다. 전시회에 참가할 만한 업체의 관련 부서, 즉 홍보팀, 자재팀, 구매팀 등의 담당자 명단을 확보해 초청장을 보내고, 홍보 이메일을 지속적으로 보내는 노력을 6개월간 전개했다. 그러자니 마케팅 비용이 코엑스 시절보다 두 배 이상 들었던 것이다. 이런 노력에 힘입어 관람객이 줄어들 것이라는 우려를 불식하고 전년대비 두 배의 관람객을 동원했다. 거기에다 구매력이 더욱 높아졌다며 참가업체들의 만족도가 매우 좋아졌다. 사실 코엑스 시절에는 구매력을 지닌 바이어보다 단순 관람객이 많았다. 그런데 킨텍스는 목적 없이 관람하러 가기에는 교통여건이 나빴다. 실수요자만 갈 수밖에 없었다. 그랬기에 참가업체로서는 알찬 마케팅의 기회가 될 수 있었던 것이다.

뜨거운 비즈니스의 장으로

〈경향하우징페어〉는 수많은 업체들이 한 자리에 모이다보니 이젠 즉석에서 거래나 계약이 이루어지는 뜨거운 비즈니스의 장이 되고 있기도 하다.

6일 동안의 전시회 기간 중에 60만 명에 달하는 관람객이 찾았다. 과거 코엑스 시절에는 일반 관람객이 많았지만 킨텍스 전시에서는 건축ㆍ인테리어 자재의 최신 흐름을 엿보기 위한 실무 종사자들이 많았다. 단순 전시회 수준을 뛰어넘어 실질적인 구매와 수출상담이 이루어지는 뜨거운 비즈니스의 장으로 자리잡게 된 것이다. 특히 인천국제공항과 가깝다보니 해외 바이어들이 대거 참가함으로써 국제화 원년의 기틀을 마련할 수 있었다.

이번 전시회에는 일본 각지의 건축자재업체 사주 200여 명으로 구성된 참관단을 비롯해 미국, 유럽 등지에서 5,000여 명의 바이어가 방문했다. 행사기간 중 구매 및 수출상담액은 최대 8,000억 원가량으로 추산되고 있다. 이중 4000억 원이 실제 계약으로 이어질 것으로 보고 있다.

"지난해까지는 행사장이 코엑스와 학여울로 나누어져 있어 불편했지만 올해는 킨텍스 한곳에서 10만여 점의 출품제품을 모두 관람할 수 있었던 것이 구매협상 등에 도움이 되었다고 생각합니다. 매년 행사 규모가 커지면서 현재 트렌드와 미래 경향을 한눈에 확인할 수 있는 행사라는 점이 해외에도 널리 알려져 해외 바이어의 참가가 늘고 있습니다.”

그러나 가만 앉아 기다리면서 해외 바이어의 발길이 끌어들일 수는 없다. 〈경향하우징페어〉는 2006년을 국제화의 원년으로 삼고 해외 바이어 유치에 많은 노력을 기울였다. 정확한 타깃을 엮어주는 타깃 마케팅을 구사했다. 불특정 다수에 대한 무차별 마케팅을 지양하고, 정확한 목표를 설정하고 마케팅력을 집중하는 이른바 선택과 집중의 전략을 구사한 것이다.

다시 말해 전시회에 참가하는 품목들에 대한 구매 가능 바이어를 발굴하고 적극 유치했다. 구매 가능한 바이어가 많아야 전시회에 참가한 업체들이 전시회를 통해 보다 판매성과를 높일 수 있는 것은 당연한 것이다.

이를 위해 세계 건축시장의 수요조사를 실시했다. 물론 경향하우징 자체의 능력으로 부족한 경우에는 코트라와 같은 정부기관과 유기적인 협력관계를 통해 힘을 빌렸다. 그 결과 특정 국가에서 특정 품목에 대한 수요가 증가하고 있다는 것이 파악되면 관련 바이어를 발굴해 집중적으로 초청한 것이다. 아직 해외 에이전트 망이 원활히 구축되어 있지 않은 관계로 바이어 초청은 코트라의 도움을 받았다. 대신 바이어가 국내에 체류하는 동안의 숙박이나 교통편은 경향하우징에서 제공했다. 그리고 국내업체들에게도 해외 유명 바이어에게 초정장을 보내도록 했다. 이때에도 국내 체류 비용의 상당부분을 경향하우징에서 지원했다.

이러한 노력의 결과 해외 바이어가 대폭 늘어나고 다양해졌다. 이에 따라 참가업체들은 판매실적을 신장시킬 수 있었고, 〈경향하우징페어〉는 명성을 해외로 넓혀나갈 수 있었다. 이런 과정이 반복되면서 해외 바이어가 늘어나고, 참가업체가 늘어나고, 품목이 다양해지고, 제품도 차별화되고,

〈경향하우징페어〉의 명성도 올라가는, 이른바 '누이 좋고 매부 좋은' 선순환의 사이클이 형성된 것이다.

〈경향하우징페어〉의 성공은 일본이나 중국의 관련 전시회로부터 좋은 벤치마킹 사례로 꼽히고 있다. 일본이나 중국의 관련 전시회가 규모는 〈경향하우징페어〉보다 훨씬 크지만 제품의 질적 수준과 다양화, 그리고 판매 성과 등에서 미치지 못하고 있었다. 그래서 〈경향하우징페어〉와 협력관계를 구축하자는 제안을 해오고 있을 정도이다.

"내가 탄생시킨 젖먹이를 이토록 건장한 청년으로 키워낸 후배들에게 거듭 감사할 뿐이네. 덕분에 구경 잘했네."

"그냥 가시려구요? 저녁 식사라도 같이 하시죠."

"아닐세. 끝나고 나면 할 일이 많을 것인데 내가 짐이 될 뿐이네. 다음에 사무실에 한번 들르겠네. 잘 마무리하게나."

구운회 대표는 총총히 사라지는 박동순 전 전무의 뒷모습을 바라보며, 10년, 아니 20년쯤 뒤에 자신도 이 전시회에 찾아와 감회 어린 눈길로 전시장을 둘러볼 수 있기를 희망했다.

도전정신으로 찾은
성공의 길, 전시회

일본 Mesago Messe Frankfurt 대표이사인 아끼히로 히로세(Akihiro Hirose)는 '위험하고 재미있는 일'을 찾아서 일본의 세계적인 전자회사인 NEC를 퇴사하고 전시업에 뛰어든 인물이다. 그리고 그는 현실에 안주하지 않고 항상 새로운 길을 찾아나서는 모험가적인 도전으로 오늘을 일궈낸 입지전적인 인물이기도 하다.

아끼히로가 NEC를 그만두고 전시주최사에 입사해 전시업에 뛰어든 것도, 안정적인 회사를 그만두고 고난이 예상되는 자신의 전시주최사를 설립한 것도, 그리고 더 큰 세상과 만나기 위해 Messe Frankfurt와 손을 잡은 것도 '위험이 클수록 성공의 희열도 크다' 는 평범한 진리를 만끽하고 싶어서였다.

위험하고 재미있는 일을 찾아서 전시업에 입문

아끼히로는 1980년에 대학을 졸업한 후 전자회사인 NEC에 입사해 해외 영업 업무를 담당했다. 아끼히로가 맡은 일은 전화교환시스템을 북미로 수출하는 것이었다. 1년간 일본에서 업무를 익힌 아끼히로는 1981년에 미국의 텍사스 주 댈러스에 있는 NEC America로 파견됐다. 그곳에서의 근무는 아끼히로에게 언어, 문화, 그리고 서로 다른 사고방식을 가진 사람들과 일하는 방법을 배울 수 있는 좋은 기회가 되었다.

그러던 1982년 여름, 아끼히로는 NEC를 퇴사하고 Japan Industrial Journal에 입사했다. 그 회사는 후지산케이(Fujisankei) 미디어 그룹의 일원으로서 일본에서 가장 큰 매스 커뮤니케이션 그룹이었다. Japan Industrial Journal의 주력 사업은 일간 비즈니스 신문과 비지니스 잡지 및 서적을 발간하는 것이었다. 그와 동시에 일본에서도 손꼽히는 전시회 운영회사 중의 하나였다. 아끼히로는 전시회 담당부서에 발령을 받았다.

아끼히로가 NEC를 그만두고 Japan Industrial Journal에 입사한 것은 전시업을 하고 싶어서는 아니었고, 단순히 새로운 일을 경험해 보고 싶어서였다. 솔직히 말해 당시 아끼히로는 전시회에 관해 아는 것이 하나도 없었다.

그럼에도 아끼히로는 전시회 업무를 맡았을 때 분명 무언가 재미있고 좀더 다양한 것을 접할 수 있는 기회가 될 것임에 틀림없다고 생각했다. 그렇기에 아끼히로는 새로운 일을 경험하고 싶다고 생각할 무렵에 전시회 일을 만난 것은 무척 행운이었다고 회고하고 있다. 전시업은 세계에서 가장 흥미 있는 것 중의 하나라고 생각했기 때문이다.

아끼히로가 두 회사에서 체험한 경험은 아주 달랐다. NEC는 5만 명의 종업원을 거느린 아주 큰 회사였다. 그곳에서 아끼히로의 업무 영역은 매우 제한되어 있었다. 그저 일상 속에서 늘 같은 일을 반복했다. NEC는 종신고용 체제를 갖추고 있어 종업원들이 안정감을 느낄 수 있는 '큰 회사'였다. 그러나 아끼히로에게는 그곳에서의 생활이 변화가 없고 무미건조하게만 여겨졌다.

대신 Japan Industrial Journal은 300명의 종업원을 가진 작은 회사였다. 그 중에서도 전시업무에 근무하는 인력은 10여 명에 불과했다. 그랬기에 다양한 일을 해야 했으므로 업무 자체가 생동감이 있었다.

아끼히로에게 두 곳에서의 생활은 큰 조직과 작은 조직의 서로 다른 작업 환경에 대해 배울 수 있는 좋은 기회였다. NEC에서는 미리 정해진 절차를 그저 따라가야만 했다. 반면 Japan Industrial Journal에서는 모든 것이 좀더 자유로웠기에 아끼히로로서는 스스로 자신의 방식을 시도해 볼 수 있는 기회가 많았다.

작은 회사와 큰 회사의 이 차이점이 바로 아끼히로가 직장을 옮긴 이유였다. 크고 안정적인 조직보다 작지만 생동감 있는 조직에서 자신의 역량을 마음껏 펼쳐보고 싶어 NEC를 그만 두고 Japan Industrial Journal에 입사한 것이다. 다시 말해 '안전하고 지루한 길'을 버리고 '위험하고 재미있는 길'을 선택한 것이다.

아끼히로는 그로부터 5년 후에는 좀더 '위험하고 재미있는 길'을 가기로 결정했다. 자신의 전시주최사를 설립한 것이다.

"전시회를 운영하려면 위험을 맞을 준비가 되어 있어야 하고, 새로운 전시회를 창조할 때는 더 큰 위험도 만날 준비를 해야 합니다. 물론 그 위기관리를 잊어서는 안 됩니다. 어떤 위험인지도 모르고, 또 그 후에 부차적으로 따라올 일이 어떤지도 모르는 상태에서 위험을 감수하는 것은 어리석은 일일 뿐이죠. 위험 부담과 위험 절감 사고방식은 동시에 필요하다고 생각합니다."

전시회 비즈니스는, 아주 큰 조직에서 일한다고 해도 전시회를 운영할 때는 마치 작은 회사에서 일하는 것 같은 경험을 할 수 있다는 것이다. 한 조직이 행사의 시작부터 끝까지 취급하기 때문이다. 이것이 전시회 비지니스를 시작하려는 젊은이들에게 큰 매력이라고 할 수 있다고 아끼히로는 강조한다.

강력한 국제 네트워크와 손잡다

아끼히로는 Japan Industrial Journal에서 5년 동안 근무하면서 전시회의 기본에 대해서 배웠다. 그동안 아끼히로는 몇 건의 무역 전시회에 참여해 업무를 모두 경험했다.

그러던 아끼히로가 MESAGO Germany의 설립자를 만나면서 일대 전기를 마련하게 된다. MESAGO Germany는 1982년에 독일 슈트트가르트(Stuttgart)에 설립된 전시주최사였다. 아끼히로는 MESAGO Germany와 의기투합해 1987년 7월에 50대 50의 지분으로 MESAGO Japan을 세웠다.

"처음에는 MESAGO Germany 사장이 대부분의 지분을 갖겠다고 했습니다만 저는 내 회사라는 생각으로 일을 하고 싶어서 50대 50을 원했습니다. 사실 제가 월급쟁이 사장이라는 안정적인 것을 원했다면 NEC를 그만두지도 않았을 것이고, Japan Industrial Journal을 그만둘 이유도 없었겠죠."

MESAGO Japan을 설립할 당시 MESAGO Germany는 10명의 종업원을 가진 작은 회사였다. 그런 회사와 손잡고 아끼히로가 MESAGO Japan을 설립한 것은 정말 모험이었다. 그럼에도 불구하고 모험가 기질이 농후했던 아끼히로는 어떤 두려움도 없이 비서 한 명으로 사업을 시작했다. 반년 후 아내가 급여업무를 맡으면서 경리로 합류했다.

MESAGO Japan을 운영하면서 아끼히로는 몇 번의 위기를 경험해야 했다. 모험과 도전을 즐기는 아끼히로로서도 견디기 힘든 고비였다. 결국 아끼히로는 초기 단계의 어려운 상황을 견뎌내고 살아남을 수 있었고, 1995년 이후 몇 건의 성공적인 전시회를 개최하면서 안정을 찾게 되었다.

아끼히로의 모험가 기질은 여기서 멈추지 않았다. 2000년 6월에는 Messe Frankfurt의 Von Zitzewitz 회장과 만나 두 회사의 합병을 논의하기 시작했다. Messe Frankfurt는 강력한 일본 근거지를 갖길 원했고, 아끼히로는 좀더 강한 국제 네트워크와 일하고 싶었다.

세부적인 조건이야 조금씩 달랐지만 양측의 관심이 통했기에 합의에 이르는 길은 그리 힘들지 않았다. 2000년 10월 1일, MESAGO Japan은 Messe Frankfurt에 합류했다. 새로운 회사 이름은 Mesago Messe Frankfurt로 정해졌다. 아끼히로에게는 새로운 역사의 시작이었다.

1240년에 설립된 Messe Frankfurt는 세계에서 가장 오랜 역사를 가진 전시주최사로서 세계 무역 전시회를 선도하는 회사였다. Messe Frankfurt

는 전시회에 관한 세계적 명성과 광범위한 국제 네트워크를 갖고 있었는데, 한국에도 이미 진출해 있었다. 아끼히로는 Messe Frankfurt에 합류함으로써 전시업에 더욱 박차를 가할 수 있게 되었다.

MESAGO Germany 또한 2001년에 Messe Frankfurt에 합류했다. 과거에 MESAGO Germany와 MESAGO Japan에서 그랬던 것처럼 Messe Frankfurt에 합류한 그들은 기술무역 전시회를 만들어내는 데 노력을 다시 쏟아 부었다.

세 건의 전시회를 성공시키다

아끼히로는 Mesago Messe Frankfurt가 주최하고 있는 전시회 중에서 가장 성공적인 전시회로 〈Beautyworld Japan〉, 〈Interior Lifestyle〉, 그리고 〈Exhibition Micromachine〉을 꼽는다. 이 세 전시회는 무역 전시회 성공에 있어 필요한 요소를 만족시키기 때문이라는 것이다.

〈Beautyworld Japan〉은 1998년에 〈Esth & Cosmetic Expo〉로 시작되었다. 이 전시회는 미용실, 화장품 가게, 네일 가게와 스파 등 뷰티 산업을 위한 전시회였다. 이 전시회는 끊임없이 발전해 왔는데 2005년에는 참가업체가 세 배 이상 늘었고, 방문객은 두 배 이상 늘었다. 〈Beautyworld Japan〉은 국제적인 전시회인데 참가자의 40%가 해외에서 참여하고 있다. 2005년 전시회에는 Messe Frankfurt Korea에서 35개 회사의 참여자를 보내왔는데 이는 외국인 참여 그룹으로서는 두 번째로 많았다.

〈Interior Lifestyle〉은 1990년에 〈International Frankfurter Messe

Asia〉로 시작되었다. 〈Interior Lifestyle〉의 모체는 Messe Frankfurt에서 열고 있는 〈Ambiente〉와 〈Heimtextil〉이다. 두 전시회는 각 분야에서 세계를 선도하는 전시회인데, 〈Ambiente〉는 소비재를 다루고 〈Heimtextil〉는 가정섬유를 주로 취급하고 있다. 일본에서는 생활방식의 취향을 표현하는 이벤트를 창조하기 위해 두 전시회를 통합했다. 이것이 성공요인으로 작용했으며, 새로운 디자인과 트렌드를 선도하는 가장 영향력 있는 전시회로 자리잡았다.

〈Interior Lifestyle〉은 Messe Frankfurt의 브랜드 정책을 잘 구현하는 좋은 사례이기도 하다. 〈Interior Lifestyle〉은 국제 판촉을 위해 〈Ambiente Japan〉과 〈Heimtextil Japan〉이라는 부차적인 타이틀을 두고 있다. 〈Interior Lifestyle〉의 시작 초기 관건은 일본 시장에서의 적응이었는데, 두 개의 서브 브랜드를 둠으로써 국제 브랜드의 현지 적응에 관한 성공적인 케이스가 되었다.

〈Exhibition Micromachine〉은 1991년에 시작되었다. 이 전시회는 MEMS와 나노 테크놀로지 같은 하이테크 산업에 포커스를 맞추고 있다. 하지만 이 전시회의 규모는 그다지 크지 않다. 초기 10여 년 동안 전시회 참가자와 방문객 수는 처음 시작하던 때와 별반 차이도 없었다. 그러나 이 분야가 가까운 장래에 유망한 기술이 될 것이라는 점에서 전시회를 지속하고 있다.

아끼히로는 이 전시회를 시작하면서 전시회의 성공 여부에 확신을 갖지 못했다. 그리고 전시회를 이끌어오는 동안에도 몇 번이나 포기할 생각을 했었다. 그러나 2000년대 들어 이 분야의 기술이 비즈니스로 현실화되었고, 시장을 형성해 나가기 시작했다. 포기하고픈 마음을 꾹 참고 지속해 온 보람을 맛보기 시작한 것이다.

그러기에 이 전시회는 아끼히로에게 많은 것을 생각하게 하는 계기가 되었다. 10년이 너무 길다고 생각할지도 모르겠지만 하나의 전시회, 특히 미래기술 같은 것은 가끔 그것이 성공할 때까지 기다리는 시간이 필요한 전형적인 예라는 것이다.

성공 전시회를 만드는 몇 가지 요인

⟨Beautyworld Japan⟩, ⟨Interior Lifestyle⟩, ⟨Exhibition Micromachine⟩의 전시 경험을 통해 아끼히로는 성공적인 무역 전시회의 중요한 요소를 다음과 같이 나열하고 있다.

첫째, 올바른 전시회 참가자 그룹과 방문객 그룹을 찾으라는 것이다. 아끼히로는 그것이 전시회를 발전시키는 결정적인 DNA라고 말하고 있다. 다른 말로 하면, 누가 무엇을 누구에게 팔며, 누가 누구로부터 무엇을 사는가를 구분해야 한다는 것이다. 무역 전시회는 이 두 가지 요소가 완벽하게 일치했을 때에만 성공할 수 있다는 것이다. 가장 중요한 것은 단지 전시되는 제품과 방문객의 범위를 나열하는 것이 아닌 전시회의 근간이 될 수 있는 구매와 공급이 존재하고 지속성이 있는 시장을 찾는 것이라고 강조한다.

둘째, 목표 산업의 보급 시스템을 갖추라는 것이다. 전시 그룹과 방문 그룹의 요구가 일치되면, 그 다음에는 관련 산업에 이미 수립되어 있는 보급 시스템을 갖추는 것이다. 어떤 분야는 보급 시스템이 아주 성숙해 있거나 폐쇄되어 있는데, 그와 같은 경우는 전시회를 열어 새로운 비즈니스 기회를 만드는 것이 매우 어렵다고 한다.

〈Beautyworld Japan〉의 경우, 전시회를 시작하려 할 때 관련 분야의 물류 시스템이 정착되어 있지 않았다. 많은 새로운 구매자와 판매자가 생겨나고 있었지만 체계적인 정보교환 통로가 없었다. 이는 무역 전시회가 구매자와 판매자를 연결해 주는 역할을 할 수 있는 전형적인 상황이었던 것이다.

〈Interior Lifestyle〉의 경우, 전통적인 물류 통로가 이미 존재하고 있었다. 그러나 새로운 형태의 소매상들을 만족시키기에는 미흡했다. 그들은 제품의 새로운 자원을 필요로 했는데 〈Interior Lifestyle〉가 이를 제공하는 역할을 했다는 것이다.

셋째, 시장의 잠재성을 찾으라는 것이다. 아끼히로는 무역 전시회의 지속적인 성공을 지원하기 위해서는 관련 시장의 잠재적인 성장과 크기가 중요하다고 생각한다. 시장이 취약하면 전시회의 장기적인 가능성을 기대할 수 없다. 무역 전시회는 항상 무역과 시장에 있어서 자유로워야 한다. 따라서 무역 전시회는 시장 상황에 의해 직접적으로 영향을 받는 운명인 것이다. 제대로 된 시장을 찾는다는 것은 곧 무역 전시회의 올바른 개념을 찾는 것이라는 게 아끼히로의 지론이다.

〈Exhibition Micromachine〉의 경우, 항상 시장의 잠재성을 믿었다. 또한 많은 사람들이 이 기술이 장차 큰 시장이 될 것이라고 말했다. 그것이 바로 아끼히로가 이 작은 전시회를 성공시킬 때까지 10년간 유지시켜왔던 이유였다.

넷째, 올바른 커뮤니케이션 방법을 찾으라는 것이다. 아끼히로는 올바른 시장에 대한 올바른 무역 전시회의 개념을 찾게 되면, 그 전시회의 잠 재력 있는 참가자가 방문객과 효과적으로 커뮤니케이션을 할 수 있는 방 법을 찾을 수 있다고 말한다. 이 과정에서 엄청난 수고를 해야 하는데 광 고작업, 판촉노력, 주요 참가자와의 협조, 관계, 정부조직, 그 이상의 것이 필요하다는 것이다. 그러나 불행하게도 무역 전시회의 성공은 기울인 노 력에 대해 성공을 보장해 주지 않는다는 것이 아끼히로의 생각이다. 실패 는 여러 이유로 인해 언제든지 일어날 수 있다는 것이다.

Messe Frankfurt는 좀더 높은 성공률을 보장받기 위한 브랜드 정책을 갖고 있다. 〈Heimtextile〉, 〈Paperworld〉, 〈Beautyworld〉, 〈Christmasworld〉, 〈Musik Messe〉, 〈Ambiente/Tendence〉, 〈Automechanika〉, 〈ISH〉, 〈Light and Building〉과 같은 몇몇 Messe Frankfurt의 전시회는 국제적인 무역 전시회로서 명성을 확보하고 있다. 이 전시회들은 Frankfurt에서 성공적으로 열리고 있고, 해외에서 새로운 전시회로 개최될 때 커다란 도움이 되고 있다.

다섯째, 올바른 파트너를 만나라는 것이다. 무역 전시회를 이끄는 전체 과정에서 계획, 판촉과 운영에 있어 올바른 파트너가 필요하다. 관련 산업 에 대해 깊은 지식을 익혀야 하는데, 가장 최근의 경향에 맞는 개념과 계 획을 창조해 내야 한다는 것이다. 전시회를 크게 성공시키기 위해서는 판 촉이 중요한 수단인데 혼자 그 모든 것을 해내기에는 어려움이 있다. 따라 서 좋은 파트너와 일한다는 것은 전시 비즈니스의 필수 불가결한 요소라 는 것이다.

특히 외국으로 판촉을 나가야 할 때, 관련 나라에서의 파트너가 필요하 다. 아끼히로가 Messe Frankfurt와 손을 잡은 것은 Messe Frankfurt의 국

제적인 네트워크가 국제무역 전시회를 운영하는 데 있어 매우 유익하다고
보았기 때문이다.

전시 사업자의 길, 그 고독함을 극복

무슨 일이든 항상 성공만 있는 것이 아니다. 성공의 책갈피 속에는 수많은
난간과 어려움이 있었을 것이고, 이를 극복해 낸 과정이 있었을 것이다.

오늘의 아끼히로에게도 과연 난관이 있었을까? 이에 대해 아끼히로는
MESAGO Japan을 시작했을 때를 어려운 시기로 생각하고 있다.

"아마 저의 경험은 새로 자기 사업을 하려는 사람들에게 많은 도움을
줄 것입니다. 우리의 삶에서 고용하느냐와 고용되느냐는 완전히 다른 문
제입니다. 제가 회사를 시작하자마자 완전히 다른 세계에 놓여지게 되었
습니다. 제가 고용되었을 때에는 사업에 필요한 직원, 시스템과 필요한 장
비가 갖추어져 있었습니다. 제가 해야 할 것은 단지 맡은 일에 충실하는
것뿐이었습니다. 그와는 반대로 회사를 만들었을 때에는 모든 것을 스스
로 해야만 했습니다. 준비해야 할 중요한 일과 작은 일들이 산적해 있었습
니다. 그 모든 것을 짧은 시간 내에 스스로 해결해야 했습니다."

아끼히로는 1987년 7월에 회사등록을 했고, 첫 번째 전시회는 다음해
4월에 개최하는 것으로 이미 날짜가 잡혀 있었다. 아끼히로는 그에 따르
는 모든 문제를 즉시 추진해야 했다. 매일 경험해 보지 못했던 일들이 닥
쳤다.

그와 같은 상황에서 아끼히로에게 짐이 되었던 것은 그 모든 결정을 혼

자 내려야 한다는 사실이었다. 당시 아끼히로의 나이는 서른이었고, 그전 직장에서는 매니저급도 아니었다. 그런데 이제 상사가 없는 상황이 벌어졌다. 그러한 상황에 익숙해질 때까지 아끼히로는 정신적으로 굉장히 압박을 받았다. 회사를 이끄는 사람으로서 배워야 할 아무런 방도가 없었다. 스스로 그러한 상황을 헤쳐나가야 했다.

"누구나 전시업을 하려면 여러 번 그런 어려운 결정을 내려야 하는 상황이 올 것입니다. 의사결정은 결코 보류하거나 멀리서 바라볼 수 없습니다. 완벽하지 않을 바엔 차라리 빠른 결정이 두 번째 기회나 조정하는 시간을 갖는 것보다 더 현명할지도 모릅니다. 결정을 연기하는 것은 자신의 시간을 죽이거나 여러 번의 더 힘든 의사결정을 야기하게 되는 것이니까요."

의사결정에 관한 또 다른 중요한 것은 스스로의 결정을 만들어내야 한다는 것이다. 파트너나 친구의 충고를 들어야 한다는 것이 아끼히로의 지론이다. 그러나 파트너에게 휘둘리거나 끌려 다녀서는 안 된다는 충고도 잊지 않는다.

어려운 상황에서 무엇이 옳은지를 판단하는 것은 사람마다 다를 수 있다고 말한다. 의사결정을 한 후에는 행동을 취하는 것이 현명하다는 것이 아끼히로의 조언이다.

"각 사람의 개별성이 행동의 과정을 반영할 것입니다. 따라서 개별성에 맞는 의사결정을 해야 합니다. 어느 누구도 무엇이 당신과 맞는지를 말해 줄 수는 없습니다."

또한 최종 어려움 같은 보통의 문제들도 있다. 아끼히로는 새로운 전시회가 성공하지 못해 자칫 회사가 부도날 수도 있는 어려움도 겪었다. 그것은 무척 힘든 상황이었다고 회고한다. 다행히도 그는 살아남았다. 그와 같은 위기의 상황에서 가장 중요한 것은 스스로를 신뢰하고 그 도전을 직접 당면하는 것이라고 아끼히로는 믿고 있다. 그래야만 자신이 가진 것보다 더 큰 힘을 얻게 될 것이라고 한다.

성공의 요건은 자신의 아이디어로 만든 전시회

새로운 제품을 개발하는 것을 게을리 하는 회사는 곧 그 시장에서 사라지게 될 것이다. 아끼히로는 전시주최사가 스스로 새로운 전시회를 만들어내는 노력은 회사의 지속 성장가능성을 위한 첫 번째 길이라는 것을 신념으로 삼고 있다.

무역 전시 비즈니스에서 창의적 아이디어는 수만이나 수십만의 사람들을 전 세계에서 한곳으로 불러 모으는 큰 무대를 만들어낼 수 있다. 아무것도 없는 상태에서 큰 자본, 큰 사무실이나 공장 없이도 큰 무대를 만들 수 있다는 것이다. 예를 들면, 〈Beautyworld Japan〉은 신문의 한 조그마한 기사에서 아이디어를 얻은 것이라고 한다. 새로운 아이디어로 수많은 사람들에게 사업의 기회를 제공하는 성공적인 무역 전시회를 이끄는 것보다 더 매력적인 일은 없다는 것이다.

아끼히로는 전시회의 크기가 가장 중요한 문제일 필요는 없다고 강조한다. 일본에서의 아끼히로의 전시회는 독일의 전시회들보다 훨씬 규모가 작았다. 그러나 일본 시장에서 이들 전시회가 관련 산업에서 일등 전시회로 성장하는 데는 부족함이 없었다.

그런데 아끼히로는 규모가 큰 국제적인 그룹인 Messe Frankfurt와 함께 일한다는 것이 유리하게 작용했음을 부인하지 않는다. MESAGO Japan 시절에는 "당신은 누구입니까?"라는 질문을 스스로에게 던지면서 신입사원과 같은 각오로 일에 임했다. 아무리 훌륭한 파트너를 두고 있지만, 그리고 그들의 성공 경험을 참고할 수 있지만 새로운 전시회는 새로운 환경에서 새로운 각오로 일할 수밖에 없다는 것을 알고 있었기 때문이다.

큰 조직이나 국제적인 브랜드는 새로운 전시회를 시작할 때 도움이 된다는 것은 부인할 수 없는 사실이다. 그러나 아무리 검증된 경험도 서로의 환경이 다를 수밖에 없으므로 문제를 줄일 수는 있으나 결코 문제가 없을 수는 없다는 것이다.

"전시회를 개최함에 있어 사람들을 설득하는 능력도 매우 중요합니다. 필요할 때 즉시 설득을 하지 못하면 그들은 당신의 목표 고객에게 도미노 효과를 일으키는 '좀더 두고 봅시다' 라는 태도를 취할 것이니까요. 시장을 주도하는 고객은 종종 그들이 무역 전시회가 필요하지 않을 것이라는 생각 때문에 우호적이지 않을 경우도 많다는 것을 많이 경험했습니다."

새로운 전시회는 항상 새로운 문제점을 가져오게 마련이다. 아끼히로는 새로운 전시회를 시작한 자신을 원망한 적이 여러 번 있었다. 그럴 때 잠재력 있는 참가자의 긍정적인 행동은 언제나 가장 훌륭한 격려가 되어 주었다.

무역 전시 비즈니스에는 여러 측면이 있다. 그러나 아끼히로 개인적인 생각으로는 이 분야에서 성공하려면 적어도 자신만의 아이디어로 새로운 전시회를 시작해 보아야 한다는 것이라고 강조한다.

전시회의 가치를 믿고 계속 나아가야

아끼히로는 무역 전시회가 굉장한 장점이 있다고 강조한다. 그 어떤 매체나 시장기구도 짧은 기간 동안 그렇게 역동적이고 방대한 사업 기회를 만들어 내기 어렵다고 믿는다. '역동'은 여러 방면의 사람들을 한곳으로 모으는 작용을 한다. '방대함' 역시 수많은 사람들이 한곳으로 모이게 한다. 그 가치는 얼굴과 얼굴을 맞대고 대화하는 것이며, 제품과 서비스의 첫 번째 접촉이다.

이런 과정에서 수많은 양의 정보가 오간다. 따라서 셀 수 없는 미팅이 일어나게 된다. 새로운 주문, 새로운 제품에 대한 아이디어와 새로운 파트너십이 생기게 되는 것이다. 그 어떤 방식도 이러한 가치를 창조해 내지 못할 것이다.

동시에 무역 전시 비즈니스에는 위협요인도 도사리고 있다. 아끼히로는 인터넷이 앞으로 가장 큰 경쟁자가 될 수 있을 것이라고 주장한다. 전문화된 그룹 간의 좀더 강화된 미팅이 더욱 큰 역할을 감당할 수 있을 것이고, 현존하는 무역 전시회간의 경쟁이 더 치열해질 것으로 내다보기도 한다. 현존하는 것에 대한 새로운 형태의 운영방식 또한 나타날 것이다. 시대는 언제나 변한다. 어떠한 회사도 끊임없는 발전 없이는 살아남을 수 없다는 것이 아끼히로의 생각이다.

그러나 무역 전시회 자체의 가치를 부정하는 것은 아무것도 없다. 아끼히로는 전시주최자의 본연의 임무는 끊임없이 혁신을 추구하고, 좀더 나은 서비스를 창조해 내는 한편, 고객에게 더 나은 무역 전시회의 가치를 제공하는 것이라고 믿고 있다.

중국에 대한 관심을
전시산업으로 승화

중국 남부에 위치한 광둥성(廣東省)의 성도 광저우(廣州)는 홍콩과 인접해 있어 중국 남부지역의 상업 중심지로 불린다. 예로부터 중국 남방무역의 중심지인 이곳은 인근에 홍콩과 마카오가 있고, 중국 최초의 자유경제지역인 션전(深圳)과 가까워 중국 개방 초기부터 대외무역의 전초기지로 명성을 날렸다. 이런 특성 때문에 광저우는 각종 무역 전시회가 활발하게 열리는 곳이기도 하다.

2005년에 이곳에서 중국 최대의 고무·플라스틱 관련 전시회인 〈Chinaplas〉(국제고무플라스틱전시회)가 열렸다. 전시면적이 2만 3000여 평에 달한 이 전시회에는 세계적인 화학업체를 비롯해 1100여 개의 업체들이 참가했고, 중국은 물론 동남아시아 각국의 관람객이 몰려들어 성황을 이뤘다.

　1983년에 시작된 이 전시회는 중국의 3대 도시라 할 수 있는 베이징, 상하이, 광저우에서 돌아가면서 열린다. 즉 짝수 년도에는 상하이에서 개최하고, 홀수 년도에는 베이징과 광저우에서 번갈아 열리고 있는 것이다.

　2005년 광저우 전시회는 지난 상하이 전시회보다 규모가 28%나 증가했다. 전시장 면적과 참가업체 숫자 면에서 역대 최대 규모였다. 관람객이 5만 명이 넘고, 그 중 15%가 해외 관람객이었다.

　〈Chinaplas〉는 아시아 최고의 고무 플라스틱 전시회로 발전했으며, 전시회의 규모나 참가업체 및 관객들도 모두 국제적 전시회의 수준에 도달했다. 그 영향력은 중국, 더 나아가 아시아를 커버하고 있다. 다년간의 경험과 명성의 축적으로 〈Chinaplas〉는 하나의 브랜드로 자리잡았으며, 중국뿐만 아니라 해외 플라스틱 업계에 매우 중요한 영향을 미치고 있다. 참가업체 중 해외업체가 60% 이상인데, 이는 중국 업체들에게 선진 설비와 기술, 화학공업 원재료를 선보여 기술발전에 많은 도움을 주고 있다.

홍콩대학 학생시절부터 중국에 관심

〈Chinaplas〉는 홍콩에 본사를 둔 전시주최사인 ADSALE과 독일의 Messe Dusseldorf가 손잡고 탄생시켰다. Messe Dusseldorf가 주최한 세계 제일의 플라스틱·고무 전시회인 K전시회의 성공적인 경험과 중국의 판매 네트워크와 데이터 시장화의 발전 경험이 바탕이 되었다.

　1978년에 설립된 ADSALE은 중국의 국제 전시회를 주최하는 기업의 선도자이며, 동시에 업계의 리더다. 대표적인 전시회라 할 수 있는 〈Chinaplas〉를 비롯해 중국과 아시아·태평양 지역에서 연간 20개의 전시회를 주최하고 있다. 그리고 전문잡지, 온라인 매체를 통해 광범위한 고객들에게 복합식 시장개척 방안을 제공하고 있기도 하다.

뜻을 이루지 못한 자들은 '시대가 나를 따라주지 않는다'며 지난날을 후회한다. 그러나 ADSALE의 이사장이며 홍콩전시회의협회 주석인 주위룬은 "성공은 당신이 어떻게 기회를 잘 잡는가에 달렸으며, 스스로 방향을 결정할 수 있으면 하늘도 올라갈 수 있다"고 말한다.

주위룬은 홍콩의 전형적인 2세대다. 중국 본토에서 홍콩으로 이주한 노동자의 5남매 중 맏이로 1950년에 태어났다. 어릴 때부터 장난기가 많았지만, 총명하고 노력할 줄 아는 아이였던 주위룬은 많은 사람들이 부러워하는 홍콩대학에 입학했다. 그는 중학생 과외로 학비를 마련하는 어려운 환경을 딛고서야 대학을 졸업할 수 있었다.

당시 홍콩대학 학생회는 중국 본토와 연락이 있었으며, 매년 학생들을 파견해서 '참관학습'을 했는데 이를 '인중관사(認中觀社 : 중국을 알고, 사회에 관심을 갖자)'라고 했다. 1972년 주위룬은 이공대학 학생회장 신분으로 중국 본토를 참관학습했다.

"그때 우리는 많은 곳을 다녔습니다. 상하이, 난징(南京), 쑤저우(蘇州) 등을 모두 가보았고, 또한 여러 가지 중국 정보를 알게 되었지요."

그러면서 주위룬은 무산계급 독재정치 혁명의 이론에도 관심을 가졌다. 이에 영향을 받아서 주위룬은 1973년 대학졸업과 함께 교사가 되었다. 자기의 사상으로 새로운 세대를 양성하고자 한 것이었다. 그러나 1976년에 단행된 중국의 '4인방 처형'이 주위룬에게는 하나의 충격이었다. 이는 중국이 계급혁명의 낡은 옷을 벗고 자본주의 시장경제로 나아가려는 용틀임을 시작하려는 전조였기 때문이었다.

중국의 잠재력에 매력

이 무렵 목에 염증이 생겨 강의하기 힘든 상황이었던 주위룬은 4년간 정들었던 교단을 떠났다. 교단을 떠난 후 주위룬은 중국의 변화를 주시했다. 1976년에 마오쩌둥이 서거하던 때로부터 덩샤오핑이 중국을 영도하기까지 중국은 현대화가 필요하고 외국의 과학기술을 도입해야 한다고 강조했다. 그러나 당시 중국시장은 해외 투자자들에게 있어서 여전히 생소했고, 외국 투자자들이 중국의 본토 상업현황에 대해서도 잘 모르고 있었다.

문화지식뿐 아니라 언어상 장애로 외국기업의 중국 진출에 장애요인이 적지 않았다. 주위룬은 홍콩 태생이었지만 대학교 때 인중관사 등의 활동에 적극 참여해 여러 번 중국 본토를 방문했기 때문에 중국에 대한 이해가 깊었다. 장차 중국이 거대한 시장으로 등장할 것이라고 예견하고 있었다.

개혁개방을 주창한 이후 중국은 국제외교무대에 자주 등장했다. 중국 정부가 내놓은 여러 정책들은 주위룬에게 중국의 개혁은 막을 수 없는 도도한 흐름이라는 것을 직감하게 했다. 중국의 변화를 지켜보던 주위룬은 중국 개혁이라는 급행열차에 몸을 싣기로 했다. 그리하여 1978년 1월에 2명의 파트너와 함께 ADSALE업무추진센터라는 회사를 설립했다.

"그때 우리는 자본금이 한 푼도 없었고, 어떤 배경도 없었으며, 어떤 네트워크도 갖고 있지 않았습니다. 오직 중국 본토와 외국 상인들을 위해 무엇인가 해보고 싶다는 생각만 갖고 있었죠. 그래서 우리는 돈을 모아서 조

그만 사무실을 마련해 사업을 시작했습니다.”

미국의 유명한 경영학자인 마이클 포터(Michael Porter)는 자신의 저서 《경쟁전략(Competition Strategy)》에서 ‘가치사슬’이라는 개념을 제시하고 있다. 한 회사나 공급사가 디자인, 제조, 판매 및 제품배송 등 모든 과정에서 반드시 일련의 활동과 정보전달을 진행해야 하고, 이로부터 매개 생산과정은 원가가 아니라 최종제품이 얼마만한 부가가치를 창출해 낼 수 있는지에 대한 하나의 절차라는 것이었다.

주위룬은 어떻게 하면 외국 상인들에게 ADSALE이 부가가치를 창출해 주는 그런 매개물질이 될 수 있는가를 고민했다. 주위룬은 당시 외국 투자자들이 중국 본토에 진출할 때 최대의 장애요인은 의사소통 문제라고 생각했다. 그래서 ADSALE은 고객들에게 일련의 번역서비스를 제공하기 시작했다. 고객에게 영문으로 회사를 소개하고, 판매서류와 계약서류를 중문으로 번역해 주는 것이었다. 그리고 회사의 홍보 동영상을 중국 본토의 표준어로 더빙해 주기도 했다. 이는 고객이 부가가치를 창출할 수 있는 좋은 서비스가 되었고, ADSALE에게도 좋은 상업 기회가 되었다. 좋은 기회, 유리한 지리조건, 화합 하에 ADSALE는 나날이 발전했다.

1979년부터 중국은 업체들이 광고를 통해 마케팅하는 것을 허용했다. 〈천진일보(天津日報)〉가 1979년 2월에 처음으로 치약광고를 실었다. 중국이 개혁개방을 선언한 이후 자본주의 한 상징이라 할 수 있는 광고를 처음으로 시작한 것이다.

“치약광고는 광고를 통한 마케팅이 중국시장에서 더욱 중요해질 것이라는 것을 느끼게 해주었습니다. 동시에 중국의 사업자들은 해외 판매업자처럼 제품의 포장과 이미지, 마케팅 등을 중요시하게 될 것으로 판단되었습니다.”

주위룬과 동료들은 곧바로 중국으로 갔다. 그들은 중국을 돌며 오직 중국 국내의 광고를 대행할 수 없을까 하는 생각만 했다. 중국에서 매체업무 대행 시장을 개척하기 위해 뛰어다니던 주위룬은 1979년에 상해문회보(上海文匯報)의 비독점 광고 총대리 계약을 맺었다. 이는 당시 발행된 다우존스신문에 보도되기도 했다.

이후 주위룬은 홍콩문회보(香港文匯報)에다 상해문회보가 외국 광고를 모집한다는 소식을 등재했다. 이것이 국제적으로 큰 반응을 일으켰다. 미국의 〈월스트리트 저널(Wall Street Journal)〉 상해문회보의 외국 광고의 세계영업권을 대행하겠다고 나섰다.

그리고 월스트리트 저널은 ADSALE의 과학기술 제품광고를 대행해 주기로 하고 〈Tech-nova〉라는 잡지를 발행했다. 이 잡지는 과학(Technology)과 혁신(Innovation)을 표방하고 세계 각 지역의 업체를 상대로 광고를 모집했다.

월스트리트 저널과 상해문회보와의 전략적 제휴를 통해 ADSALE은 세계적 판매 네트워크의 중심이 되었다.

전시회라는 새로운 영역 발굴

“우수한 경영자는 마치 탐험시대의 항해가와 같아서 언제나 수평선을 주시하며, 한편으로는 현황을 주시한다”는 말이 있다. ADSALE을 설립해 중국 최대 전시주최사로 키워낸 주위룬은 이 말에 잘 부합되는 하나의 생생한 사례라 할 수 있다.

중국은 1980년에 미국 샌프란시스코, 워싱턴, 시카고에서 첫 중국제품 전시회를 개최했다. 이때 ADSALE는 월스트리트 저널에 중국상품 광고를 게재했다. 월스트리트 저널 최초의 중국상품 광고였다. 그때의 성공은 ADSALE에게 아주 큰 영향을 주었다.

"그전에는 많은 사람들이 중국이 무엇인지조차도 잘 몰랐고 중국에서 발생한 변화는 더욱 몰랐으며 중국과의 무역은 꿈도 꾸지 못했습니다."

월스트리트 저널에 중국상품 광고가 게재된 후 ADSALE은 수천여 회사로부터 상담을 받았다. 주로 무역 대행업체들이었다.

ADSALE과 월스트리트 저널의 성공적인 제휴에 힘입어 국제적으로 유명한 신문사가 ADSALE에 관심을 가지게 되었다. ADSALE는 〈파이낸셜 타임스(Financial Times)〉 및 캐나다, 일본, 독일 등의 신문사와 제휴를 맺어 광고마케팅 사업을 주력으로 추진하게 되었다.

이러한 과정을 거치면서 주위룬은 전시업에 관심을 가졌다. 항해가처럼 수평선을 주시하다 새로운 가치체계를 발견하고는 거기에 승부를 걸기로 했던 것이다.

"개혁개방 이전에 중국에서 모든 상업자료는 모두 비밀이었습니다. 구매자나 판매자는 오직 중국의 극소수 대형 수출입회사를 통해서만 무역업무를 할 수 있었습니다. 그러나 개혁개방 후 외국업체가 직접 고객과 연락할 수 있게 되었고, 여러 업종의 전시회가 상호교류의 장이 되었습니다. 또한 일부 상업촉진 전시회는 당시에 고객들의 열렬한 환영을 받았습니다."

주위룬은 대학시절부터 중국 본토의 정치환경과 경제발전 상황에 관심을 가지고 있었다. 그는 개혁개방 초기에 중국 본토의 기술인력이 해외로 나갈 기회가 많지 않기에 해외 현황을 알려면 전시회가 제일 좋은 방법일 것이라고 생각했다. 전시회를 통해 고객들은 한 번에 대량의 해외 설비공급업체를 만날 수 있었다.

"저는 당시 3가지 측면으로 생각했습니다. 첫째는 시장성 유무이고, 둘째는 경쟁상대의 정황이고, 셋째는 자체의 강점이 어디에 있는가 하는 것이었습니다. 당시 중국 내의 전시회는 대부분 정부에서 주최를 한 것으로써 상업적인 전시회는 없었다고 할 수 있습니다."

주위룬은 시장 측면에서 많은 것들을 할 수 있다고 생각되어 몇 년 동안 중국시장을 조사했고, 중국시장에 대해 매우 잘 알고 있었다. 때문에 전시업을 성공시킬 자신이 있었다.

전시업에 뛰어든 주위룬은 1980년에 광저우에서 공작기계 전시회를 개최했다. 1981년에는 광저우에서 포장 전시회를 공동으로 개최했는데 매우 성공적이었다. 당시 중국에서 전시회 사업의 발전과 전망에 대한 인식이 서로 달랐고, 전시회 개최에 대한 호응도 그리 높지 않았는데, 주위룬이 상업적 전시회도 성공할 수 있다는 것을 보여준 것이다.

"당시 기회는 매우 많았지만 기회는 준비하는 자에게만 주어졌습니다."

주위룬은 ADSALE을 더욱 광범위하게 홍보하고 더욱 많은 외국업체에게 중국의 개혁개방정황을 이해시키기 위해 1984년과 1986년에 걸쳐 영문판 '중국무역수첩'을 출판했다. 이는 중국의 개혁개방과 대외무역정책 및 중국에서의 사업 가능성을 외국 사업자들에게 알려주고 싶어서였다. 주위룬은 이 책을 홍보하기 위해, 나아가 외국 상인들에게 중국 무역에 대해 확신을 심어주기 위해 47일 동안 유럽과 미주지역을 다니며 바이어를 만났다.

"당시에는 법률적인 문제로 중국 본토의 정부 인사들이 아주 복잡한 수속절차를 거쳐야 출국할 수 있었고, 또한 언어상의 장애로 정부차원에서 중국무역을 홍보한다는 것은 일종의 고난이었습니다. 저는 독특한 신분을 이용해 세계 각국에 가서 중국 경제개혁의 정보를 알릴 수 있었습니다."

그는 세계의 방방곡곡을 누비며 직접 각국의 대외무역 부처에 가서 중국과 무역을 하고자 하는 기관의 대표 앞에서 중국의 경제개혁 현황을 설명했고, 현지의 업체를 도와 중국의 개혁개방 정책이 가져다주는 상업기회는 어떤 것이 있는지를 분석해 주었다. 그는 중국의 개혁개방 시기와 무역홍보라는 범주 내에서 자기만의 생존 공간을 찾아서 성장의 기틀을 마련할 수 있었다.

동시에 그는 환경변화를 유심히 관찰해 적당한 전략을 수립함으로써 ADSALE을 나날이 발전시켜 나갔다.

1985년에는 ADSALE이 상하이에서 방직공업 전시회에 참여했고, 1986년에는 북경에서 자동차 전시회를 주최했다. 동시에 상하이와 베이징에 사무소를 설립했다. 이런 노력 끝에 오늘날 ADSALE은 중국 본토를 비롯해 홍콩, 베트남 등지에서 매년 20여 개의 전시회를 개최하고 있다. 이런 전시회는 방직, 플라스틱, 고무, 에너지, 정보통신기술, 자동차, 관광, 건축자재, 전자통신, 인쇄와 포장, 그리고 식품포장기술, 목공기계, 가구 등 여러 가지 업종이 망라되었다. 이에 따라 ADSALE은 아시아·태평양 지역에서 유명한 전시회 주최업자가 되었다.

최고의 전시회를 만들기 위한 조건

전시업을 처음 시작할 때부터 주위룬은 스스로 표준을 정했다. 일을 하려면 반드시 최고로 해야 한다는 것이었다. 그는 일을 잘하려면 첫째, 성실하게 해야 하고, 둘째, 진지하게 해야 한다고 생각했다. 주위룬은 하나의 전시회를 성공시키려면 반드시 산업과 시장을 함께 보는 원칙을 견지해야 한다고 믿었다. 즉 전시회가 미치는 산업은 반드시 우수한 산업이어야 하고, 또한 개최지 및 주변지역은 반드시 시장수요가 많은 곳이라야 한다는 것이다. 이렇게 해야 많은 전시 참가업체와 구매업체를 끌어들일 수 있다. 그는 전시회를 잘하려면 반드시 3가지 중심을 잘 조화시켜야 하는데 즉 구매자, 판매자와 전시회사가 그것이다. 전시회사는 구매자와 판매자를 연결하는 고리역할을 한다. 성공적인 전시회는 구매자와 판매자에게 모두 유리하며, 전시회가 구매자에게 흡인력이 없다면 실패한 전시회라는 것이다.

"전시회는 반드시 기회, 지리적 우세, 화합을 중요시해야 합니다. 기회, 지리적 우세, 화합은 구매자를 잘 조직하는 중요한 요인이라 할 수 있죠. 기회는 전시회를 적당한 시기에 진행해야 한다는 것을 말합니다. 지리적 우세는 전시회 장소가 구매자가 집중된 도시거나 제품가공공장이 가깝고, 숙식 및 교통이 편리한 지역이라야 한다는 것입니다. 화합은 ADSALE의 네트워크가 세계 각지와 연결되어 있어 전시업체와 구매업체를 조직하기 쉽다는 것입니다. 이것이 바로 우리가 전시회를 성공적으로 개최할 수 있었던 힘이라고 생각합니다."

전시업체는 기회, 지리적 우세와 화합을 통해 구매업자로 하여금 성과가 있게 해야 한다는 것이 주위룬의 확고한 생각이다.

ADSALE이 주최하는 전시회는 90%가 해외전시회이다. 때문에 해외 전시 참가업체들의 네트워크 관리와 개척이 비교적 잘 되었다. 회사의 본부를 홍콩에 두었고, 미국, 싱가포르, 베트남 및 중국 본토의 베이징, 상하이, 광저우 등지에도 사무소를 설립했으며, 직원들은 세계 각지에 널려 있다. ADSALE과 각국의 전시 참가업체들은 긴밀한 관계를 형성하고 있다.

관람객 조직 면에 있어서도 ADSALE은 전시회의 제품과 기술에 수요가 있는 관람객들을 유치하고 있는데 특히 국제적인 구매업체를 많이 유치하고 있다. 매번 전시회를 개최할 때 주위룬은 관람객들의 구성에 대해 분석을 진행하고 이런 정황을 데이터화해 보관함으로써 전시회 참가업체들이 참고하게 한다.

과거 시장에는 이런 일들이 종종 있었다. 일부 회사에서는 전시회의 타이틀을 매우 거창하게 명명하고 홍보와 광고 중에 '국제'라는 단어를 사용하곤 했다. 그러나 참가업체가 와서 보면 그렇지 않기에 실망을 하게 된다. 이런 사건이 발생되지 않도록 하기 위해 ADSALE은 매번 전시회 개최 전에 전시회의 상세한 정황을 고객들에게 설명해 주고 있다.

이렇게 함으로써 고객들이 어떤 업체가 참여하고, 어떤 새로운 제품과 새로운 기술이 전시되는지를 알게 해 고객들이 마음 놓고 전시회 참가여부를 결정할 수 있게 한다. 고객들이 전시회를 참가하는 목적은 전시회를 통해 어떤 수확이 있기를 바라는 것이기에 그렇지 않으면 전시회를 참가하지 않는다.

전시회에 대해 미리 상세히 설명하는 ADSALE의 방침은 고객들에게 그

전시회가 같은 종류의 경쟁 전시회와 다르다는 인식을 심어주었다. ADSALE의 전시회는 반드시 잡지와 인터넷을 동원해 홍보를 했다. 이렇게 함으로써 고객과 지속적인 유대관계를 유지할 수 있을 뿐만 아니라 전시회를 널리 알릴 수 있었다.

때문에 주위룬과 합작했던 사람들은 그한테서 경쟁의 기술뿐 아니라 일종의 정신과 책임감을 느낄 수 있다고 한다.

관리체계 규범화와 해외 네트워크

2000년에 ADSALE은 ISO9000 품질인증을 획득했다. 이에 따라 ADSALE은 아태지역에서 최초로 ISO9000 품질인증을 획득한 전시주최사로 인정받았다.

ADSALE는 이미 국제급 대형 전시회를 개최할 수 있는 실력을 보유하고 있었다. 그런데도 ISO9000 품질인증 획득과정은 매우 까다로웠다. 예를 들면 회사의 데이터 뱅크 관리를 심사 받아야 했다. 그랬기에 이 품질인증의 획득은 ADSALE이 이미 완벽하고 규범화된 전시회 서비스체계를 구축하고 있다는 것을 널리 알리는 계기가 되었다.

"ADSALE이 성공할 수 있었던 것은 세 가지를 잘 해냈기 때문이라고 생각합니다. 첫째는 국제적인 네트워크입니다. 지난 20여 년 동안 우리는 우리의 전시회를 해외업체가 주도하는 국제적인 전시회로 고집했기에 일반적으로 매우 높은 해외업체들의 참여율을 기록할 수 있었습니다. 두 번째는 우리의 다양한 관리방법입니다. 예를 들면 ISO9000 품질인증 등을 거쳐 우리의 관리체계를 규범화한 것이 그것입니다. 세 번째는 현지인재를 대량 육성한 것입니다. 현재 우리는 중국 본토에 60~70명의 직원이 있는데 향후 1~2년 내에 100명으로 늘려나갈 계획입니다. 현지 인력을 배양하는 것은 우리가 지속적으로 노력해야 할 방향이라 할 수 있습니다.”

주위룬은 상인으로서의 예리함, 그리고 기업 대표로서의 특유의 이성적 사고방식을 갖고 있는 인물이다. 그는 시원한 웃음과 섬세하고 조리 있는 말씨를 소유한 사람이기도 하다. 온화하고 언변이 좋으며 말씨가 조리 있고, 생각이 사려 깊으며, 항상 희망에 넘쳐 있는 인물이었다.

중국 본토에서 ADSALE이 많은 전시회를 주최했으나 여러 가지 원인으로 이제는 여러 전시회를 포기했음에도 주위룬은 크게 문제 삼지 않는다.

“남이 하든지 제가 하든지 모두 같다고 생각합니다. 모두 전시업의 발전을 위해 공헌하는 것이니까요. 가끔 이런 생각을 합니다. 아무것도 없었던 대학생이 현재 행복한 가정이 있고, 신체가 건강하고 또한 사업이 있으며, 그리고 수많은 사업 파트너가 있습니다. 그리고 많은 친구가 있어 스스로 매우 부유하다고 생각되며 또한 만족스럽습니다. 매일 새로운 마음으로 주변의 일들을 대한다면 많은 고민거리들을 줄일 수 있다고 생각합니다.”

주위룬은 전시회에 참가할 때 반드시 전시주최사의 능력을 검토할 것을 당부한다. 예를 들면 국가나 국제적인 인증을 받는 것이다. 즉 ISO인증인데 이런 인증을 받은 회사가 주최한 전시회의 효과는 일정한 보장이 가능하다는 것이다.

주위룬은 전시회 선택 포인트로 다차원적 서비스, 서비스 네트워크, 관람객 조직, 바이어 이익 중시의 네 가지를 꼽는다.

- 다차원적인 서비스 : 변화무쌍한 시장에서 다차원적인 서비스와 논스톱 서비스의 위치는 더욱더 중요시 되고 있다. 이것은 많은 회사들이 심혈을 원가절감, 경쟁력제고와 시장개척에 무게를 두고 있기 때문에 과다한 인맥은 여러 가지 고민을 가져다 줄 뿐만 아니라 작업능률을 더욱더 저하시키고 있다.

- 서비스 네트워크 : 우수한 전시업체는 반드시 좋은 서비스 네트워크를 갖추어야 하고 또한 각국의 전시 참가업체와 밀접한 관계를 유지해야 한다. 상대적으로 전시업체의 서비스 네트워크의 범위가 넓을수록 이런 면에서는 더욱 잘 처신하고 있다.

- 관람객 조직 : 한 전시회에 있어서 해외 구매업체와 현지 구매업체처럼 관람객도 매우 중요하다. 특히 전시회에서 서로 관련된 관람객을 찾을 수 있는지는 더욱 중요하다. 때문에 관람객 구성에 대해 분석을 해야 하고, 이런 현황을 데이터화 하여 전시 참가업체에게 참고하도록 하면 좋은 득점 포인트가 될 것이다.

- 바이어의 이익 중시 : 일반적으로 많은 전시회는 타이틀을 매우 거창하게 명명하고 홍보와 광고 중에 '국제' 라는 단어를 사용하곤 한다. 그러나 참가업체가 와서 보면 그렇지 않기에 많은 실망을 하게 된다. 고객들은 전시회를 통해 성과를 얻기 위해 참가한다. 그렇지 않으면 전시회를 참가하지 않는다. 때문에 사전에 전시회에 대해서 상세히 설명하는 것은 고객들로 하여금 전시회 전에 이 전시회가 같은 종류의 경쟁 전시회와 어떤 차별화가 있는지 알게 하는 매우 중요한 포인트다.

"일부 전시주최사는 단기적 이익에 눈이 멀어서 전시회를 한두 번 하고 나면 회사가 부도가 나곤 합니다. 심지어 어떤 업체들은 타 회사의 명의를 도용해 유사하지만 실력과 매우 거리가 먼 전시회를 개최하곤 하기 때문에 참가업체들은 반드시 전시회 선택에 신중을 기해야 합니다."

이러한 조건을 구비한 전시업체는 몇 개 안 된다며, 주위룬은 ADSALE이 그 중 하나임을 강조하는 것을 잊지 않았다.

전시가 산업을 바꾼다

지은이 | 박종천
펴낸이 | 김경태
펴낸곳 | 한국경제신문 한경BP

제1판 1쇄 인쇄 | 2007년 1월 10일
제1판 1쇄 발행 | 2007년 1월 15일

주소 | 서울특별시 중구 중림동 441
기획출판팀 | 3604-553~6
영업마케팅팀 | 3604-561~2, 595 FAX | 3604-599
홈페이지 | http://www.hankyungbp.com
전자우편 | bp@hankyung.com
등록 | 제 2-315(1967. 5. 15)

ISBN 89-475-2599-5
값 12,000원

파본이나 잘못된 책은 바꿔 드립니다.